国家自然科学基金面上项目："大股东股权质押、公司风险承担与投资者风险控制"（编号：71672077）
广东省哲学社会科学"十二五"规划面上项目："隐性契约与内部人交易的经济后果"（编号：GD15CYJ07）
阶段性成果

大股东行为、资本市场效率与公司财务决策

Large Shareholders' Behavior, Capital Market Efficiency and Corporate Financial Decision

吴战篪 著

中国 · 成都

图书在版编目(CIP)数据

大股东行为、资本市场效率与公司财务决策/吴战篪著．—成都:西南财经大学出版社,2017.6
ISBN 978-7-5504-2947-5

Ⅰ.①大…　Ⅱ.①吴…　Ⅲ.①上市公司—股东—投资行为—研究—中国②上市公司—资本市场—经济效率—研究—中国③上市公司—财务决策—研究—中国　Ⅳ.①F279.246②F832.5

中国版本图书馆 CIP 数据核字(2017)第 092821 号

大股东行为、资本市场效率与公司财务决策

Dagudong Xingwei Ziben Shichang Xiaolü yu Gongsi Caiwu Juece

吴战篪　著

责任编辑:朱斐然
责任校对:陈璐
封面设计:杨红鹰　穆志坚
责任印制:封俊川

出版发行	西南财经大学出版社(四川省成都市光华村街 55 号)
网　　址	http://www.bookcj.com
电子邮件	bookcj@foxmail.com
邮政编码	610074
电　　话	028-87353785　87352368
照　　排	四川胜翔数码印务设计有限公司
印　　刷	郫县犀浦印刷厂
成品尺寸	148mm×210mm
印　　张	6
字　　数	160 千字
版　　次	2017 年 6 月第 1 版
印　　次	2017 年 6 月第 1 次印刷
书　　号	ISBN 978-7-5504-2947-5
定　　价	46.00 元

摘要

随着股权分置改革的完成和资本市场一系列制度建设的推进，上市公司大股东资本市场行为日益普遍。大股东增、减持行为和股权质押行为受到了投资者、监管机构和新闻媒体的广泛关注，然而对于大股东资本市场行为的经济后果，当前学术界尚缺乏系统、完整的研究。

基于上述背景，本书结合契约理论与投资组合理论，界定了大股东资本市场行为的本质特征，考察了这一行为通过股票定价机制与公司风险承担机制来影响公司内部财务决策的机理，在此基础上设计了基于大股东资本市场行为的最优融资契约。本书的研究目的在于揭示大股东治理模式的运行机制与运行效率，拓展公司治理与公司财务的研究视野。

本书的实证研究主要有以下发现：大股东减持行为提高了股价崩盘风险；在低估值公司中，大股东增持能降低融资约束，缓解投资不足；大股东减持加大了融资约束，降低了公司的投资效率；大股东股权质押行为提高了公司的风险承担水平；对于高杠杆公司，股权质押行为加大了大股东的风险转移倾向，导致公司过度风险承担；大股东股权质押行为提高了公司的投资效率，但这种促进作用仅在低财务杠杆公司有效。

本书的实证研究表明，大股东资本市场行为通过股票定价机制与公司风险承担机制影响了公司内部的财务决策。大股东资本市场行为沿着上述路径对公司投资效率产生正面影响需要两个前提条件：一是低估值公司中大股东的增持行为，二是低财务风险公司中的大股东股权质押行为。缺乏这两个前提条件，大股东资本市场行为会加大公司的融资约束，导致过度风险承担，降低公司投资效率。

基于上述实证发现，本书进一步研究了如何通过契约设计降低大股东资本市场行为对上市公司的负面影响，发挥其正面作用。本书在 DeMarzo 和 Fishman（2007）的动态投融资模型基础上，结合我国上市公司的实践，设计了一个通过大股东股权质押为上市公司提供融资担保的契约。

本书的研究成果，不仅有助于拓展大股东行为经济后果的理论研究视野，而且对于监管机构制定政策提高市场效率，债权人保护自身利益，中、小股东构建投资组合分散风险具有重要的现实意义。

关键词：内部人交易；股权质押；股价崩盘风险；公司风险承担；投资效率

Abstract

With the completion of the reform of non-tradable shares and the construction of a series of systems in the capital market, the behaviors of major shareholders of listed companies get more and more common in the capital market. Therefore, the actions of major shareholders' increasing and decreasing their own shares and getting equity pledge have been widely concerned by investors, regulators and news media. However, there is still lack of systematic and complete research about the economic consequences of the behaviors of large shareholders in the current academic circles.

Based on the background described above, this book combines the contract theory with portfolio theory, defines the essential characteristics of the behaviors of large shareholders in the capital market, and examines the mechanism of how these behaviors influence the internal financial decisions through the stock pricing mechanism and the company's risk-taking mechanism. Then the book studies the optimal financing contract according to major shareholders' behaviors in the capital market. The book aims to reveal the operation mechanism and operation efficiency of the large shareholders' governance model, and expands the research field of corporate governance and corporate finance.

The empirical study of this book has the following main findings: Major shareholders' shares reduction behaviors increase stock price synchronization and collapse risk; Major shareholders' increasing shares can reduce the financing constraints and improve the situation of underinvestment for the companies with underestimated value; The share reduction of the major shareholders increases the financing constraints and reduces the company's investment efficiency; The large shareholders' equity pledge increases the company's risks; For companies with high leverage ratio, equity pledges increase the possibility for large shareholders to transfer risks , leading to excessive corporate risks; The effect of large shareholders' equity pledges has increased the company's investment efficiency, but this only works in low financial leverage companies.

The empirical study of this book shows that the behaviors of large shareholders in the capital market do influence the company's internal financial decision-making through the stock pricing mechanism and the company's risk-taking mechanism. Those behaviors have a positive impact on the company's investment efficiency along the above path with two prerequisites: First, large shareholders' increasing holdings in companies with underestimated value; Second, the major shareholders' equity pledge in low financial risk companies. Lack of these two prerequisites, the major shareholders' behaviors in the capital market will increase the company's financing constraints and lead to excessive risks, reducing the efficiency of the company's investment.

The above empirical findings have prompted the book to further study how to reduce the negative impact of large shareholders' behaviors in the capital market on listed companies through contract design and let it play a positive role. Based on the dynamic investment and financing model of DeMarzo and Fishman (2007), incorporating the listed companies' practice, this book has designed a financing contract to provide financing guarantee for listed companies through the pledge of large shareholders' equity.

The research results of this book can not only help expand the theoretical research horizon of the economic consequences of the major shareholders' behaviors, but also have important practical significance for the regulators to formulate policies to improve the market efficiency, the creditors to protect their own interests, and the small and medium-sized shareholders to build the portfolio to diversify the risks.

Keywords: Insider Trading; Equity Pledge; Stock Price Crash Risk; Corporate Risk-Taking; Investment Efficiency

目录

1 绪论

1.1 研究意义

随着股权分置改革的完成和资本市场一系列制度建设的推进，上市公司大股东（本书指持股5%以上的内部股东）资本市场行为日益普遍，大股东增、减持行为和股权质押行为受到了投资者、监管机构和新闻媒体的广泛关注。学术界已对大股东资本市场行为对市场效率的影响进行了较为充分的研究，但对于大股东资本市场行为是否影响以及如何影响公司内部财务决策的问题，仍然较少涉及。这导致投资者无法全面评估大股东资本市场行为的经济后果，监管机构无法制定有针对性的监管措施，新闻媒体无法准确地进行舆论导向。

早在20世纪90年代，法与金融研究的兴起，就引发过一轮对大股东行为的研究热潮。但是上一轮的研究热潮，主要集中于大股东的监督行为与隧道行为：一方面，大股东可以加强对管理者的监督，提高投资效率，从而缓解第一类代理问题（Shleifer & Vishny，1986）；另一方面，大股东可能以各种隐蔽的方式，通过“隧道行为”将利益从公司转移至自己手中，从而产生第二类代理问题（LLSV，1999；Dyck & Zingales，2004）。

上述两个方面的研究已经形成了比较丰富的成果，但有关大股东自身的一些外部经济行为对公司治理效率的影响，仍然有待深入挖掘。大股东作为一个独立的经济个体，基于自身利益的资本市场行为，可能通过公司外部的定价机制和公司内部的治理机制对公司财务决策形成影响，进而影响公司的投融资效率。仅仅关注大股东在公司内部的监督行为和隧道行为，忽略大股东在公司外部的资本市场行为，无法完整地刻画大股东行为影响公司绩效的条件和路径。只有深刻理解大股东外部经济行为影响公司投融资效率的机理，才能合理认识大股东在公司治理机制中的作用，完善公司的治理机制。

因此，本书结合公司财务与公司治理理论，研究大股东资本市场行为对公司投融资效率的影响机理以及完善公司治理机制的契约安排。具体而言，本书在研究大股东资本市场行为本质特征的基础上，考察这一行为通过股票定价机制与公司风险承担机制来影响公司内部财务决策的机理，设计基于大股东资本市场行为的最优融资契约。

我国自股权分置改革以来，尽管大股东通过减持行为促进了上市公司的股权结构分散化，但至今上市公司的股权结构仍然高度集中，大股东在上市公司的投融决策中依然扮演重要的角色。大股东的资本市场行为能产生较大的经济利益，研究这些经济利益对公司投融资决策的影响以及公司治理中的制衡力量，无疑具有十分重要的理论与现实价值。

本书的理论意义在于：第一，研究大股东资本市场行为对定价效率和公司风险承担的影响机理，有助于拓展资产定价和公司风险承担的理论视角；第二，探究大股东资本市场行为通过公司外部的定价机制和公司内部的风险承担机制影响公司投融资效率的条件与路径，能够揭示大股东治理模式的运行机制与运行效率，拓展公司治理的研究领域。

本书的现实意义在于：第一，研究大股东资本市场行为对定价效率与公司风险的影响，对于监管机构制定政策保护中小股东和债权人的利益，具有一定的政策参考价值；第二，基于大股东资本市场行为，设计融资契约抑制大股东的风险转移倾向，对于债权人保护自身利益，中、小股东构建投资组合分散风险具有重要的现实意义。

1.2 研究目标及内容

本书的研究目标为：①放松内部人交易条件，拓展以 Baker 等（2003）为代表的市场错误定价对公司投融资行为影响的研究视角，研究大股东增、减持行为通过错误定价影响公司投融资效率的条件和路径，为投资者和监管机构从实体经济角度评估大股东增、减持行为提供决策参考。②放松大股东借贷条件，研究大股东股权质押通过公司风险承担影响公司投资效率的条件和路径，揭示大股东股权质押条件下公司治理模式的运行机制与效率。③了解大股东资本市场行为对公司外部投资者的风险影响，结合大股东增、减持行为和股权质押行为，拓展 DeMarzo 和 Fishman（2007）的动态投融资模型，设计激励相容的融资契约，为完善融资契约设计，特别是我国债券契约中债权人保护条款的设计提供建议。

全书共分为七章：

第一章为“绪论”。本章主要介绍本书的研究意义、研究目的、研究内容、研究方法及创新之处。

第二章为“大股东资本市场行为的本质特征”。本章结合代理理论、契约理论与中国资本市场制度变迁的背景，在分析大股东增、减持行为与股权质押行为的特征与变化趋势的基础上，通过理论演绎的方式，得出大股东资本市场行为的本质特征与隐性契约，为其后的实证检验奠定理论基础。

第三章为“大股东增、减持与股票定价效率”。本章结合信号传递理论与内部人交易理论，以股价同步性和股价崩盘风险指标度量定价效率，实证检验大股东增、减持行为对公司股票定价效率的影响机理。

第四章为“大股东股权质押与公司风险承担”。本章结合风险代理成本理论和投资组合理论，从股权质押改变大股东投资组合风险和控制权转移风险入手，采用 Wilcoxon Signed-Rank 检验方法，考察大股东股权质押影响公司风险承担的路径、条件与形成机理，从而拓展大股东特征对公司风险承担影响机理的研究。

第五章为“大股东增、减持与公司财务决策”。本章在 Baker 等（2003）的市场错误定价对公司投融资行为影响模型的基础上，放松内部人交易的条件，研究大股东增、减持行为通过影响错误定价，进而影响公司投融资决策的机理，采用双重差分法检验大股东增、减持行为影响公司投融资效率的路径。

第六章为“大股东股权质押与公司投资决策”。本章结合风险代理成本理论与控制权转移理论，采用分组检验的方式，考察大股东股权质押通过公司风险影响公司投资效率的条件和路径。

第七章为“大股东资本市场行为与公司契约设计”。本章结合契约理论与信号传递理论，拓展 DeMarzo 和 Fishman（2007）的动态投融资模型，采用理论研究与案例分析相结合的方式，通过对比分析多个案例公司的融资契约特征对投融资效率的不同影响，设计大股东股权质押条件下的激励相容的融资契约。

1.3　研究方法与技术路线

本书针对大股东资本市场行为如何影响公司的投融资决策，投资者如何控制风险的关键科学问题，采用公司财务、公司治理的理论方法，结合中国资本市场制度变迁的背景，开展大股东资本市场行为的本质特征及其经济后果的研究。图 1-1 是本书的研究框架。

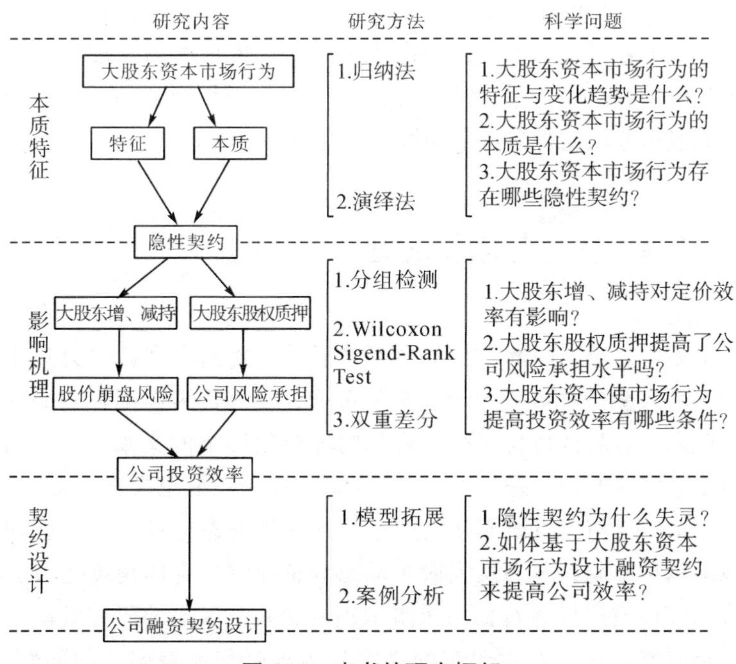

图 1-1　本书的研究框架

本书主体部分第二章到第七章采用的研究方法为：

第二章的研究，首先归纳制度变迁背景下大股东资本市场行为的特征及其变化的趋势，然后通过理论演绎的方式得出大股东资本市场行为的本质与隐性契约，从而为其后的实证研究奠定基础。

第三到六章的研究为本书的实证检验。这一部分先采用线性回归与 Wilcoxon Signed-Rank 检验方法，考察大股东增、减持行为影响公司定价效率的内在机理以及股权质押影响公司风险承担的路径、条件与形成机理，然后采用双重差分及分组检验的方式，考察大股东增、减持行为通过错误定价影响公司投融资决策的条件和路径，以及大股东股权质押通过公司风险影响公司投资效率的条件和路径。

第七章是本书提出的解决方案。本章依据本书实证检验得出的条件和路径，采用理论分析与案例分析相结合的方式，设计大股东股权质押条件下的最优融资契约。

1.4 特色与创新之处

第一，对于内部人交易的经济后果，之前大多数研究集中于内部人交易对市场定价效率的影响，本书是为数不多的研究大股东增、减持行为对公司内部财务政策影响的文献之一，而且本书将研究视角进一步从公司的融资决策拓展至投资决策上。

第二，与已有研究从大股东的性质等静态特征上研究公司风险承担不同，本书从大股东动态调整投资组合的角度考察大股东股权质押行为对公司风险承担的影响。本书的研究解决了同类研究无法测度大股东的风险分散意愿和风险偏好的问题，揭示了大股东特征影响公司风险承担的内在机理，拓展了大股东特征对公司风险承担影响的研究视角。

第三，本书立足于我国资本市场的现实背景，放松已有的最优融资契约研究中代理人在项目周期持股不变的假定，拓展DeMarzo 和 Fishman（2007）的授信额度模型，在大股东股权质押条件下设计最优融资契约。该融资契约通过质押方式限制了大股东的减持行为，为最优融资契约设计提供了一种新的思路。

2 大股东资本市场行为的本质特征

2.1 制度背景与大股东资本市场行为特征

2.1.1 制度背景与大股东增、减持的行为特征

我国自2005年启动股权分置改革以来，大股东通过向社会公众股东支付对价的方式，取得了在二级市场交易公司股票的权利，至2008年年底股权分置改革基本完成，除30家公司外，几乎所有上市公司的大股东均取得了该项权利。2006年前的《中华人民共和国公司法》规定“公司董事、监事、经理所持有的股份在任职期间内不得转让”。2006年正式实施的新《中华人民共和国公司法》不再限制内部人交易，而是允许“公司董事、监事、高级管理人员在任职期间每年转让的股份不得超过其所持有本公司股份总数的百分之二十五”。这样，即使公司的大股东兼任公司的董事、监事和高级管理人员，公司大股东也能在证券市场转让公司股份。由此，2006年后，沪深交易所拉开了大股东在二级市场增、减持公司股票的序幕。

从大股东增、减持行为的时间分布来看，大股东增、减持

行为与股市走势和制度变化密切相关。2006 年 8 月 24 日（首次出现减持公告）至 2008 年 3 月 31 日，伴随股改后的首轮牛市，大股东出现第一次减持潮。此次减持潮的制度背景为股权分置改革的实施和新的公司法的实施。2008 年年初，由于美国次贷危机引发全球金融危机，我国股市暴跌。当年 4 月 20 日，中国证券监督管理委员会出台的《上市公司解除限售存量股份转让指导意见》规定：从 2008 年 4 月 21 日开始，超过 1%的减持需在大宗交易平台进行。伴随政策调控与金融危机的深入，减持潮才逐渐降温。在这次减持潮中，大股东累计减持 72 亿股，平均每次减持 550 万股，平均减持比例 1.53%（朱茶芬，李志文，陈超，2011）。为稳定市场，降低股市暴跌的负面影响，2008 年 8 月 27 日，中国证监会正式发布了《关于修改〈上市公司收购管理办法〉第六十三条的决定》。根据该项决定，如果股东在一家上市公司中拥有权益的股份达到或者超过该公司已发行股份的 30%，而且自上述事实发生之日起一年后，每 12 个月内增加其在该公司中拥有权益的股份不超过该公司已发行股份的 2%，那么其在增持行为完成后 3 日内，应当就股份增持情况做出公告，并向中国证监会提出豁免申请，中国证监会自收到符合规定的申请文件之日起 10 个工作日内，做出是否予以豁免的决定。这一修改把大股东豁免要约收购的申请由事前调整到了事后，从而使得上市公司控股股东可以根据市场形势和对公司未来的预期灵活增持。这一规定刺激了大股东的增持。自 2008 年 8 月底以来，很多公司大股东在二级市场增持了对应公司股票，仅从 8 月到 12 月，就有超过 120 家公司发布增持公告（李俊峰，王汀汀，张太原，2011）。与减持潮相比，此次增持潮，上市公司大股东的持股比例仅平均上升约 0.13%。2009 年以来，伴随股市的升温，大股东减持再次迎来热潮，此次减持行为成为诱发 2015 年股灾的一个重要动因，2015 年 7 月中国证监会紧急出台为时一年的暂停大股东减持举措。随着股灾的消退，此次减持潮延续至今。2016 年 11 月 10 日，我国权威媒体新华社开始关注大股东的减持热潮。据其统计，仅 2016 年 1 月至 9 月，沪深两市上市公司大股东减持总规模就超过 1 800 亿元。

从大股东增、减持的方向来看，大股东减持比例远远高于增持比例。据本书统计，2007—2012 年，大股东平均减持比率为 2.36%，而平均增持比率仅为 0.03%。这与大股东在股改前持股比率较高，“解禁”前积累大量流动性需求，我国上市公司整体股价估值较高有关。在这一背景下，大股东减持需求强烈，而增持多体现出“作秀式”和“象征性”增持。

2.1.2 制度背景与大股东股权质押的行为特征

我国上市公司股权质押行为早于大股东在二级市场增、减持公司股票。早在 1995 年，我国就颁布并实施了《中华人民共和国担保法》，正式确立了股权质押制度，该法规允许股东以“依法可以转让的股份、股票”质押获得资金。股权质押融资是一种新兴融资行为，指股东通过质押担保其持有的公司股权，从银行、保险公司等金融中介借入所需资金。与动产、不动产以及其他权利质押相比，股权质押在设定担保方面要更迅速、简便，而且股权质押的实质标的是股权所代表的财产性权利，具有流通性和非实物性等优点。依据《中华人民共和国担保法》《中华人民共和国物权法》以及相关司法解释，股权质押并不以转移股份为必须要件，代表股东在质押股权后仍然享有对上市公司经营活动的投票权、参与公司事务管理等公益权。因此，构成股权质押实质的标的是股权的财产性权利，包括股份转让权、投资收益权、剩余财产分配请求权等。《最高人民法院关于适用〈中华人民共和国担保法〉若干问题的解释》对此又进一步做出了补充解释，以依法转让的股份、股票设定质押，其质权的效力及于股份和股票的法定孳息。基于上述制度安排，大股东股权质押成为上市公司大股东融资的重要手段，令大股东可以在保持控制权的情况下，实现股权的融资功能。

从大股东行为的时间分布来看，股权质押行为与制度变迁和股市走势密切相关。一方面，随着 2008 年年底上市公司股权分置改革的完成，取得流通股地位的大股东股权，逐渐获得了金融机构的青睐，股权质押融资成为上市公司大股东的重要融资手段；另一方面，随着金融危机的消退和股市的升温，上市公司流通股价格攀升，也吸引大股东不断质押股权来获得更高的资金。据本书统计，2009—2013 年，发生大股东股权质押交易的上市公司占总上市公司的比例逐年递增，从 24%稳步上升至 37%；从质押股份比率来看，大股东质押的股份占其所持有的股份比例非常高，均值达到 61.95%，最大值甚至达到了 100%。

从股权质押的大股东性质来看，民营企业的大股东更倾向于质押公司股权。据本书统计，截至 2013 年，过半上市民营企业的股票被其大股东质押。这一方面是因为国有企业大股东股权质押受到了财政部颁布的《关于上市公司国有股质押有关问题的通知》的严格限制，另一方面是因为民营企业大股东受到的融资约束更大，具有更强烈的融资需求。

鉴于我国上市公司大股东股权质押行为的普遍性，证监会 2007 年颁布的《上市公司信息披露管理办法》的第四十六条第二点规定：任一股东所持公司 5%以上股份被质押、冻结、司法拍卖、托管、设定信托或者被依法限制表决权，应当主动告知上市公司董事会，并配合上市公司履行信息披露义务。与之相对应，由于大股东股权质押是股东的私人行为，欧美国家并不要求股东披露股权质押的有关情况，所以国外学者关于大股东股权质押的研究并不多。对大股东股权质押行为的强制性信息披露规定，以及我国大股东股权质押行为的普遍性，为本书提供了良好的研究样本。

2.2 大股东增、减持行为的本质

2.2.1 大股东增、减持行为的本质：知情交易权

作为公司的内部人，控制性股东在公开市场交易公司股份的权利是一种知情交易权。控制性股东能够加强对公司管理者的监督，提高决策效率，但是控制性股东与中小股东的利益并不完全一致，对控制权收益的获取可能损害中小股东利益。控制性股东增、减公司股份不仅是一种信号传递方式，也是一种控制权收益的获取方式。知情交易权使得控制性股东可通过交易的方式将私有信息传递到市场，从而提高股票的定价效率，降低融资约束，进而提高投资效率。但控制性股东谋取控制权收益的动机，又可能促使其通过“信息操纵”的方式来为交易获利，这反而会扩大信息不对称程度，加剧公司的融资约束，导致投资不足。2005 年的股权分置改革使得我国上市公司的控制性股东通过支付股权的流通溢价获得了在证券市场交易公司股票的权利，公司财务决策不再忽视股价的影响，但也出现了多起控制性股东操纵信息披露为交易牟利的事件。在这种背景下，探讨控股股东知情交易权的性质，研究其经济后果，有重要的现实针对性。但当前学术界对控股股东的交易行为，侧重于从显性契约的角度研究其是否属于内幕交易行为，较少涉及其作为隐性的控制权收益的本质；侧重于研究其对外部信息传递效率的影响，较少涉及对公司内部财务决策的影响。因此，

探讨控股股东知情交易权的性质，研究其是否影响以及如何影响公司财务决策，从理论上有助于认识控股股东知情交易权在公司治理机制中的作用，从现实上有助于加强对控股股东交易行为的监管。

知情交易权建立在控股股东因控制性地位而取得内部人身份的基础上，因此是一项不能与中小股东分享的控制权收益。和一般的控制权收益不同的是，知情交易权带来的收益并非基于公司物质资源的再分配，而是信息和知识的垄断，这使得知情交易权成为一项隐蔽的控制权收益。尽管知情交易权带来的收益来源于市场而非公司资源，但是知情交易权的行使会影响股价，并最终影响到公司的投融资决策。Stein（1996）和 Baker 等（2003）的模型表明，股票的错误定价会影响公司的权益融资决策，进而影响投资效率。对于内部人交易对股票定价效率的影响，学术界存在两种观点：一种观点认为内部人交易通过衍生知情交易机制将私有信息传递到市场，从而提高股票的定价效率；另一种观点则认为内部人可以通过改变信息披露的方式来获利，这会挫伤外部投资者信心，降低股票的流动性，进而降低股票的定价效率。可见内部人交易对定价效率的正、负效应取决于内部人利用信息的方式。与一般内部人不同的是，控制性股东在公司持有较多股份，虽然可以通过操纵信息披露获利，但这必然会对其声誉产生负面影响。当中小股东通过压低股价的方式对其给予惩罚时，控制性股东的现金流权收益会受损。因此，控制性股东会在知情交易权带来的控制权收益与现金流权收益之间进行权衡，做出让自身利益最大化的选择。

2.2.2 大股东知情交易权的性质：控制权收益的载体

控制权收益（Private Benefits of Control）（Grossman & Hart，1988）是控股股东的私有收益，是一项由控制性股东享有而中小股东不能分享的利益（Dyck & Zingales，2004）。Johnson 和 LaPorta 等（2000）进一步指出控股股东攫取控制权私有收益的方式是通过“隧道行为”（Tunneling），即以隐蔽的方式掏空公司。在控股股东的控制权与其现金流权发生分离，且分离程度越高时，大股东侵害小股东利益的欲望就越强，侵害程度就越严重（LLSV，1999）。其后的研究注意到了控制权收益的合理性（贾明，等，2007）。刘少波（2007）对控制权收益来源于利益侵占的观点提出了质疑，指出并论证了控制权收益是对控制权成本的补偿，是控制权的风险溢价。

知情交易权是控股股东利用信息优势进行交易的权利，这种信息优势是相对公司外部投资者而言的。从本质上来说，知情交易权是一种控制权收益，原因在于控股股东的信息优势源于其内部人身份，而中小股东无法与大股东共享这些信息，因此知情交易权是由控制权带来的，无法与中小股东共享的私有收益。

在对中小股东利益保护日益重视的今天，知情交易权成为控制权收益的重要形式。控股股东行使知情交易权，通过信息优势获取私有收益，这是控制权收益的本质要求。首先，这是对控制权成本的补偿，控制权的取得和维持均需要控股股东付出额外成本；其次，这是股权集中的风险溢价，控股股东不能像中小股东一样通过分散投资的方式控制风险。由此来看，知情交易权是一种合理的控制权收益，并不违背公平原则，即控股股东付出了更高的成本获取更多的信息，理应获取更高的回报。在均衡的市场中，风险和收益是相对应的，因此知情交易权带来的回报不能超过其风险溢价，超过这一限度，就是以中小股东利益为代价的超额收益，既不合理，也会导致中小股东压低股价以寻求更高的回报率作为利益被侵害的风险补偿。那么在知情交易权的行使中，什么是合理的成本补偿和超额收益呢?

2.2.3 大股东知情交易权的形式：超额收益与控制权成本补偿

控股股东作为内部人，拥有两类信息优势：“①提前知晓影响股价波动的重大事件（内幕信息优势），这类信息优势随着公告披露而消失，通常是短时效的；②拥有对公司内在价值和业绩前景的更准确判断。第二类信息优势不依赖特定事件公告，通常是长时效的。对第一类信息优势的利用为各国所禁止，而对第二类信息优势的利用则是合法的。”（朱茶芬，姚铮，李志文，2011）由于很难界定内部人运用哪类信息进行交易，因此在实践中采用禁止“敏感期交易”和“短线交易”的方式进行立法监管。但是作为控制性股东，控股股东可以利用对信息披露进行操纵的方式规避法律监管，从而对第一类信息的使用并不能杜绝。其表现形式包括：控制性股东在买入股份前，发布利空消息，推迟披露利好消息，向下进行盈余管理；在卖出股份前，发布利好消息，推迟利空消息，向上进行盈余管理。这些行为和“隧道行为”的本质是一样的，尽管并不是直接掏空上市公司，但也通过隐蔽的方式损害了中小股东的利益。由于对信息的操纵和内幕信息的利用几乎不用花费额外的成本，而能在短期内获得巨大的回报，因此这是一种超额收益。而控制性股东利用第二类信息进行交易时，由于信息是长时效的，控制性股东通过交易行为向市场传递了有价值的信息，降低了信息不对称程度，控制性股东在获取控制权收益的同时，中小股东也获得了关于公司估值和业绩前景的新信息。控制性股东对长时效信息的利用必然同时需要付出额外的控制权维持成本和加强对管理层的监督，否则长时效信息难以实现预期收益，例如失去控制权将导致其无法获取长期收益。因此，对第二类信息的利用是控制权成本的合理补偿，由于控制性股东付出了更高的监管成本，其对公司的价值具有正面作用，第二类知情交易权成为对控制性股东的隐性报酬契约安排。

依据上述分析，对第一类信息的利用是一种短期超额收益，对第二类信息的利用是作为控制权成本补偿的长期合理收益。尽管内部人交易立法作为一种显性契约能对内幕交易行为加以监管，但由于缺乏集体诉讼、被告举证等司法程序，我国资本市场上控制性股东操纵信息披露却常能规避法律监管。即使在法律体系不完备的情况下，中小股东仍然可以依赖声誉机制等隐性契约来制约控制性股东的行为，在控制性股东持股较多的情况下，压低股价对其惩罚就成为一种隐性契约的执行机制。控制性股东对信息的两种利用方式将带来不同的市场反应。因此，中小股东会对控制性股东知情交易权的不同形式做出不同的反应。

2.2.4 大股东知情交易权对股价的影响：基于控制权收益的分析

由上述分析可见，控制性股东对信息的利用方式不同，会对自身利益和中小股东利益产生不同影响。中小股东可以根据控制性股东对信息的利用方式，在股价上做出不同反应。当中小股东发现控制性股东操纵信息披露后，会压低股价，最终导致上市公司利益受损，也会令控制性股东的现金流权收益受损。对第一类信息的利用，会打击外部投资者信心，降低流动性，提高融资成本，产生“信心效应”；对第二类信息的利用，则会提高信息传递效率，降低信息不对称程度，降低融资成本，产生“信息效应”。

除信息利用方式外，控制性股东的交易方向也会对股价变动产生不同影响。控制性股东减持后持股比例下降会带来现金流权收益的下降，控制性股东增持后持股比例上升带来现金流权收益的上升，因此控制性股东的交易方向不仅反映了信息的性质，也反映了控制性股东对现金流权收益与知情交易权收益的权衡结果。

当公司估值偏低或业绩前景向好时，控股股东增持公司股份后，控股股东的现金流权收益上升。在增持股份后，控股股东与中小股东利益趋同，掏空动机减弱，而提高现金流权收益的动机增强，控股股东对管理层的监督力度会加强。因此控股股东增持行为除本身传递的利好信息外，也缓解了第二类代理问题（大股东和中小股东的代理冲突），约束了第一类代理问题（股东和管理者的代理冲突）。由于信息操纵行为一旦为外部投资者发现，公司股价会因信心效应而受挫，因此增持前的信息操纵会使增持后的现金流权收益损失更大。可见，增持力度越大，信息传递效应越强，信息操纵动机越弱，增持带来的主要是“信息效应”而不是“信心效应”，外部投资者会因为信息传递效应和代理成本的下降而提升股价。在信息效应大于信心效应的情况下，增持对股价的提升程度表现为：如果控股股东声誉良好，不在买入前进行信息操纵，那么股价会提升到大于或等于内在价值；如果目光短浅的控股股东为了使买入价降低而在买入前披露坏消息，或者控股股东增持后公司股票的流动性下降，则信心效应的负面影响依然存在，使得股价的上升程度低于预期，股价低于内在价值。

当公司估值偏高或业绩前景不佳时，控股股东减持公司股份后，控股股东的现金流权收益下降。在减持股份后，控股股东与中小股东利益冲突加剧，控股股东未来做出掏空行为的概率上升，因此提高了第二类代理成本；同时又因为控股股东现金流权收益的降低，其对管理层的监督动力减弱，提高了第一类代理成本。由于减持后现金流权收益下滑，掏空动机增强，控股股东在减持前进行信息操纵的可能性提高，减持力度越大，信息操纵概率越高。可见，和一般内部人减持不同，控股股东的减持意味着信息操纵与未来掏空公司的可能性提高，这会提高代理成本，降低外部投资者信心。股改后我国上市公司在二级市场减持的实际情况表明，除少量减持外，控股股东抛售的公司往往意味着公司进入财务困境或者经营困难，控股股东急于脱手，此时控股股东会不顾声誉在卖出前发布利好消息推高股价获取较高的减持收益，减持后则股价大幅下跌。在减持隐含的坏消息和信息操纵的背景下，控股股东减持的信心效应大于信息效应。股价下跌既会反映坏消息，又会反映外部投资者的信心下降，因此股价会跌到低于内在价值。当然，当股价被高估时，控股股东基于长时效信息少量减持公司股份，可以降低信息不对称程度，尽管因为信号传递的作用会导致股价下跌，但只会导致股价高估程度下降或消失，不会低于内在价值。

上述分析表明，控制性股东的交易对代理成本和公司价值的影响更大，比其他内部人交易对股价的影响方向更明确。依据知情交易的不同形式与控股股东的交易方向，假定控股股东交易前股价对内在价值的偏离度为 δ，控股股东交易后对内在价值的偏离度为 δ_1，可得出表 2-1 的控股股东交易后股价变动方向。表 2-1 为后文的研究假设。

表 2-1　　控股股东交易后股价变动方向

股价偏离度	高估 $\delta>0$	低估 $\delta<0$
控股股东交易方向	卖出	买入
交易后股价偏离度	$\delta_1<\delta$	$\delta_1>\delta$
存在信息操纵	$\delta_1<0<\delta$	$\delta<\delta_1<0$
不存在信息操纵	$0\leqslant\delta_1<\delta$	$\delta<0\leqslant\delta_1$

2.3 大股东股权质押行为的本质

Faccio 等（2011）和 Bauguess 等（2012）的研究发现，大股东投资组合分散化的提高有利于公司承担风险、提升绩效、降低公司的风险代理成本。然而，上述两篇文章在以下方面存在一定的局限性：首先，鉴于大股东的投资组合并非公开信息，Faccio 等（2011）利用大股东同时控制多家上市公司的方式来度量大股东投资组合的分散度存在一定的偏差；其次，在允许无风险借贷的情况下，大股东投资组合的分散度并不一定依赖于大股东的财富，股权质押就是在大股东财富不变的情况下分散投资组合的一种方式；最后，双重股权结构在某些国家和地区难以采用，而股权质押是一种更为普遍的不影响控制权分散投资组合的方式。那么，在放松大股东的借贷条件后，股权质押能否作为一种解决机制来提高公司的风险承担水平？

依据马可维茨的投资组合理论，当投资组合的资产数量增加时，组合的非系统性风险下降；当借入无风险资产后，投资组合的系统性风险上升。大股东股权质押获得资金后，投向其他的资产，分散了大股东投资组合的非系统性风险，提高了投资组合的有效性，同时其投资组合的系统性风险上升。

我国上市公司大股东股权质押具有三类用途：大股东个人分散化投资需求，为上市公司提供债务担保，为上市公司上下游企业提供债务担保。这三大类用途具有不同的风险特征，但都分散了大股东的非系统性风险。第一个用途直接分散了大股东对上市公司股权投资的风险，后两个用途是一种潜在债权投资，也在一定程度上分散了大股东的投资组合风险。大股东股权质押为上市公司提供债务担保，使得大股东兼具股东与潜在债权人身份，改变了公司的优先清偿权次序，明显分散了大股东的投资组合风险。而对上下游企业的债务担保，也使得大股东作为上下游企业潜在的债权人，对大股东投资组合的风险进行了一定程度的分散。

依据投资组合理论，股权质押加大了大股东的财务杠杆作用，在提高投资组合有效性的情况下，加大了大股东的系统性风险。虽然股权质押在降低非系统性风险的同时，提高了系统性风险，但是大股东持有的上市公司股权数量并未发生改变，因此和杠杆买入股票对非系统性风险的影响是有本质区别的（杠杆买入是投资者本身的资金不够买入一定数量的股票，通过杠杆方式提高了非系统性风险）。

由此可见，大股东股权质押后获取资金用于其他用途，和原有的投资组合相比，对上市公司股权投资的非系统性风险下降，这将改变其低风险分散度对上市公司风险承担的负面影响。因此，大股东股权质押行为是在借贷条件下，大股东分散投资组合的一种方式，也是降低公司风险代理成本的一种机制安排。

2.4 大股东资本市场行为的隐性契约

2.4.1 大股东增、减持行为的隐性契约内涵

作为公司内部人，大股东的增、减持行为是一种内部人交易。公司内部人交易的经济后果是财务经济学、法学与伦理学领域一个极富争议的话题。持内部人交易具有负面效应的观点的学者认为，内部人的机会主义行为，如通过内幕信息和策略性信息披露的方式为交易获取超额收益，阻碍了信息传递，降低了资源配置效率。内部人交易的机会主义观获得了较多的经

验证据支持，因此对内部人交易加以管制，甚至禁止的呼声不绝于耳。但是，一些研究发现，内部人交易在外部投资者与内部人的契约间发挥了重要的作用，内部人交易具有信号传递功能和激励效应，从而对内部人交易过度管制或禁止的成本可能过高。内部人交易获得的收益与公司绩效间的关系难以证实，不可能在事前以显性契约的方式加以约定，因此近年来的经验研究表明内部人交易是一种隐性的薪酬契约安排（Roulstone，2003；Denis & Xu，2013）。

我国自2006年实施新的公司法、允许内部人交易以来，尽管制定了包括禁止短线交易和敏感期交易等一系列法规，但仍难以有效遏制内部人的各种机会主义行为，制度的不完备性和执行不力是一个重要因素。已有研究表明，即使在制度比较完备的美国资本市场，内部人也能通过设计交易规避监管，例如萨班斯法案的出台反而加剧了内部人通过盈余管理行为推迟破产消息的公布，从而使得内部人能在破产前一年抛售股票，规避该法案对失败公司内部人短线交易的监管（Beneish & Press，2012）。这表明，一些加强监管的措施可能适得其反。在这种背景下，是否存在其他能惩罚内部人机会主义行为的机制呢？隐性契约无疑是一个重要途径，因为在显性契约执行成本较高时，隐性契约具有替代作用。

尽管学术界已经证实了内部人交易隐性契约的存在，但是迄今为止，对于内部人交易隐性契约的内涵与执行条件，仍然缺乏相关研究。依据双边互惠的契约精神，内部人的机会主义动机不能视为内部人履行隐性契约。内部人的机会主义动机是其依据短时效信息，通过内幕交易或策略性信息披露的方式获利，这是以外部投资者利益为代价的，同时短期获利的特征也不符合激励理论。依据信号传递理论和激励理论，内部人的卖出不具有激励效应，而且卖出信号也被外部投资者视为弱化了同盟关系，因此也不属于履约行为。实际上内部人卖出动机多样，既包括机会主义动机的卖出，也包括流动性需要和调整投资组合，这些都不能被视为与外部投资者利益一致。允许内部人卖出只是作为买入的一种配套措施，理论与实践上均不允许内部人采用卖空交易的方式获利就是一种佐证。那么，内部人交易哪种形式会被外部投资者视为履约行为呢？内部人拥有两类信息优势："①提前知晓影响股价波动的重大事件（内幕信息优势），这类信息优势随着公告披露而消失，通常是短时效的；②拥有对公司内在价值和业绩前景的更准确判断。第二类信息优势不依赖特定事件公告，通常是长时效的。对第一类信息优势的利用为各国所禁止，而对第二类信息优势的利用则是合法的。"（朱茶芬，姚铮，李志文，2011）从中可以看出，内部人基于长时效信息的买入可以被看作一种履约行为。当内部人拥有对公司投资项目前景较外部投资者更准确的信息时，内部人可以通过买入行为传递信息给外部投资者，从而为外部投资者感知并获取他们的资金支持。内部人的买入行为还可能产生外溢信息，例如获取债权人的资金，这样可以在最优资本结构下融资满足投资需求。这一过程具有正反馈性，因为买入股份的激励效应促使内部人致力于提升公司价值。

由信号传递理论、激励理论与隐性契约的双边互惠特征，可以将内部人交易的隐性契约的内涵界定为：内部人通过买入公司股票，向外部投资者或债权人传递履约信号，获得他们的资金支持，而股权的激励效应促使内部人对资源有效利用，提升公司价值，从而内部人与外部投资者均在股价上涨中获利。这一内涵区分了内部人交易的履约行为与违约行为（如机会主义行为），明确了内部人的卖出是作为买入股票的一种配套机制，其本身并不是一种履约行为。

2.4.2 大股东增、减持行为的隐性契约执行条件

理性的内部人是否愿意执行隐性契约，仍然取决于具体的执行条件，当执行契约对其自身利大于弊时，隐性契约会得到自我执行。Thomas（1995）的分析性研究表明，职业经理人市场的成熟度和经理人的专业化程度以及市场的流动性会影响内部人交易的激励效应。Thomas（1995）的研究没有关注到内部人交易作为一种信号传递对公司融资约束的影响，本书结合我国制度背景对其进行了拓展。此外，Denis 和 Xu（2013）的研究表明，股权结构对内部人交易作为一种隐性薪酬契约具有影响，内部人较高的持股比例可能使得内部人交易的激励效应减弱，因此本书结合我国资本市场股权较为集中的情况对其进行了拓展。

制度背景一：股市流动性充分，内部人交易对市场流动性影响较小。Kim 和 Zhang（2013）认为内部人交易降低了外部投资者的获利，使得他们的信息搜寻活动成本更高，这将打击外部投资者的信心，从而降低市场的流动性。然而在我国，内部人买卖股票具有较强的数量限制，超过 1%必须在大宗交易市场完成，高管在任期内每年不得抛售超过持股比例的 25%，加之我国股市的流动性充分，这使得内部人的交易对市场流动性影响较小。Thomas（1995）的研究表明，当市场流动性较好时，内部人交易的激励效果较好。在这一制度背景下，内部人与外部投资者均可能因允许内部人交易获利，在互惠的基础上更能达成隐性契约。

制度背景二：股权融资存在管制，信贷市场未完全市场化。在我国，股权再融资仍然需要监管机构的审批，信贷市场尚未完全市场化，信贷资源向国有企业倾斜。在这种背景下，内部人有动机传递信号表示履行隐性契约。内部人的买入是一种积

极的履约信号，既可能得到外部投资者的信任，也可能影响到第三方，例如监管机构和债权人。而内部人操纵信息披露，基于坏消息的减持行为，会使其声誉受损，从而导致外部投资者不支持其股权再融资，也会引起监管机构和债权人的关注。如果声誉机制有效，那么内部人交易的不同动机会影响上市公司资金的可获得性和资金成本。因此，在融资环境未完全市场化的背景下，执行隐性契约的动机较强，市场化程度越低的时期或地区，隐性契约发挥作用的可能性越大。

制度背景三：我国资本市场上大股东控制上市公司比较普遍，控股股东是重要的内部人。一方面，股权集中可能使激励效应减弱（Denis & Xu ，2013）；另一方面，控制性股东持股越多，与上市公司的利益关系越紧密，他们越有动力通过买入行为增加外部投资者信心，帮助上市公司获取资源。因此大股东持股比例对隐性契约执行的影响可能是一种“倒 U 形”关系，即大股东适度的持股比例有助于隐性契约的执行。

总结以上制度背景，可见大股东增、减持行为隐性契约的执行条件为：①较好的公司股票流动性；②融资环境未完全市场化；③大股东适度的持股比例。

2.4.3 大股东股权质押行为的隐性契约

基于投资组合的低分散性，大股东承担了更高的非系统性风险，因此，传统公司治理理论认为，大股东治理模式存在强监督效应与弱风险承担的两面性。大股东股权质押行为是其在维持控制权和监督地位的前提下，提高投资组合有效性的一种方式，对于改变大股东规避非系统性风险、削弱公司风险承担的动机具有重要的作用。然而，大股东股权质押使得大股东将未来的风险部分转移给质押债权人，当公司经营失败，大股东已然套现部分资金，这可能会进一步提高大股东的风险偏好，导致上市公司过度承担风险。已有研究表明，低风险承担损害中小股东利益，过度风险承担也会加大债务违约风险，提升代理成本（Dong，等，2010）。

基于最优资本结构理论，公司风险承担应与公司财务资源相匹配。Dong 等（2010）的研究发现，过度风险承担导致公司偏离目标资本结构，降低企业的最大化价值，不仅损害债权人利益，也与中、小股东的长远利益不符。大股东股权质押已经将一部分风险转移给了质押担保债权人，在自身杠杆和公司杠杆均很高的情况下，大股东可能具有更强的“风险转移”动机，在我国债券契约缺乏实质性保护条款（陈超，李镕伊，2014）的情况下，更易诱发终极控制人规避强势债权人监管（刘星，李宁，张超，2015），过度承担风险，侵犯外部投资者利益。

如果大股东股权质押行为是提高公司风险承担水平的一种机制安排，那么，对于中、小股东和债权人来说，过度风险承担并不符合他们的利益。外部投资者可以通过观察大股东的股权质押比率和公司的负债比率，来考察大股东是否会促使公司过度风险承担，从而决定是否要求更高的资本成本来弥补相应的风险。因此，由信号传递理论、激励理论与隐性契约的双边互惠特征，可以将大股东股权质押行为的隐性契约的内涵界定为：大股东通过股权质押的方式，改善投资组合的风险分散度，从而促使公司适度提高风险承担水平。

3 大股东增、减持与股票定价效率

3.1 研究背景

我国股市的运行特征是系统性风险高，股价暴涨暴跌、同涨同跌。2005 年的股权分置改革使得大股东具有了知情交易权，2006 年公司高管被允许在证券市场交易公司股票，其后内部人交易现象日益普遍，中国证监会为此出台了一系列规范内部人交易的政策。由于对内部人违规交易的处罚措施不力，出现了多起内部人利用未公开的重大信息（内幕信息）牟利的事件，而内部人在交易过程中操纵信息披露获利的现象也十分普遍。国内外学术界均认同，内部人作为信息提供者以及知情交易者，其交易行为能对市场的运行效率产生影响。我国股市近年来出现的内部人交易现象对我国股市暴涨暴跌现象和同步性现象究竟产生了何种影响？该问题的研究不仅有助于全面认识内部人交易在我国股市中的作用，而且对于降低我国股市运行风险、提高我国股市运行效率具有重要的理论价值和现实意义。

股市运行效率是资本市场和公司财务研究的经典命题。近年来国内外对股市运行效率中的“股价同步性”和“股价崩盘风险”的研究日益增多，其成为学术界的热点研究问题。“股价同步性”是指单个公司股票价格的变动与市场平均变动之间的关联性，即所谓的股价“同涨同跌”现象。股价暴跌是资本市场的异常现象，股市整体暴跌会影响国家金融安全，严重的会传导到实体经济，引发经济危机。“股价同步性”与公司特质信息有关，同步性越高则公司特质信息纳入股价的程度越低；而“股价崩盘”则与公司信息透明度有关，公司信息在管理者与投资者之间不透明度越高，则股价崩盘的风险越高。一方面，内部人交易向市场传递了内部人拥有的私人信息；另一方面，在内部人交易过程中存在信息操纵现象。前者会提高市场效率，降低股价的同步性；后者会降低市场效率，增大股价的崩盘风险。我国股市较强的同步性特征（朱红军，等，2007）以及股价暴涨暴跌的现象，为本章从内部人交易的角度研究股价同步性和股价崩盘风险提供了很好的实验场所。

基于上述理由，本章选取 2007—2012 年我国股市内部人交易的数据作为研究对象，提取其买入和卖出比率，考察其对上市公司股价同步性和股票崩盘风险的影响。研究结果表明：①内部人卖出与股价崩盘风险正相关，与股价同步性负相关；②内部人买入不能降低股价的崩盘风险，反而提高了股价的同步性；③与高管相比，大股东增、减持行为对股价同步性和股价崩盘风险的影响更大。进一步的研究发现，内部人交易行为改变了机构投资者持股，这是内部人交易对股价同步性和崩盘风险的一个传导路径。本章的研究发现说明内部人中的大股东的卖出交易具有很高的信息含量，其卖出交易传递到市场，会影响当期股价的同步性，而且由于卖出交易预示着个股未来较大的利空信息，个股其后一期的崩盘风险更高，而大股东在卖出交易过程中的信息操纵更是加大了这种崩盘风险。而不论是大股东还是管理层的买入交易均无较高的信息含量，既不能降低股价的同步性，也与股价的崩盘风险无关。这与我国股市内部人卖出远大于内部人买入的现状，以及内部人买入更多的是一种具有象征意味的“作秀”增持相符。本章的研究结果支持了中国证监会最新发布的《关于进一步推进新股发行体制改革的意见》中要求对大股东减持增加持股意向透明度的做法。

本章的研究贡献主要体现在：①以往对内部人交易是提高还是降低市场效率的研究主要是从股价的信息含量是否提高的角度进行的（Manne，1966；Carlton & Fisher，1983），而股价信息含量是否提高的原因有很多，并不一定是由内部人交易影响的。同步性主要研究的是私有信息传递于股价的效率，内部人是拥有私有信息的群体，他们的交易行为更能体现出私有信息传递于股价的效率，而目前国内外并无关于内部人交易对股价同步性的研究。②以往对股价崩盘风险的研究侧重于信息透明度（潘岳，戴亦一，林超，2011）和机构投资者的羊群行为（许年行，于上尧，伊志宏，2013）。内部人卖出往往预示着公司未来的利空消息，且在卖出过程中存在信息操纵的现象（Cheng Qiang，等，2013；吴育辉，吴世农，2010；廉鹏，王克敏，2009；蔡宁，魏明海，2009），当内部人的私有利空信息最终公开就会导致股价崩盘。正常情况下，内部人的买入传递的应是内部人拥有的利好消息，因此应能表明股价的崩盘风险较低。本章率先从内部人交易的视角分析其对股价崩盘风险的影响，从而拓展了该领域的相关研究。③目前国内对内部人交易的研究侧重于内部人交易的获利能力（朱茶芬，姚铮，李志文，2011；曾庆生，2008），关于内部人交易对市场效率影响的实证性研究较少，且侧重于股价冲击效应以及流动性等（张宗新，等，2005），从公司层面的股价同步性与股价崩盘风险的角度进行研究的则没有，本章的研究是一个新的领域。④本章的内部人交易数据同时选取了大股东和高管的交易，这与我国大股东持股比率高、大部分公司存在控制性股东的现状相吻合，而当前国外的研究将内部人主要定义为高管，国内的研究则将大股东与高管交易分开研究，本章的研究更符合中国资本市场的实际。

3.2 理论分析与研究假设

内部人交易的动机是利用自己的信息优势获利，这种自利动机下的交易能否形成衍生知情交易机制，即内部人通过交易向市场传递尚未公开的信息，其后模仿交易者将内部人的私有信息逐渐反映在股价中。这样，内部人交易能否提高股价对公司特质信息的反映，从而降低股价的同步性？股价崩盘风险和股价同步性是衡量股票定价效率的两个重要指标，本章在回顾内部人交易与信息效率、股价崩盘风险和同步性的基础上提出研究假设。

3.2.1 内部人交易对信息效率的影响

信息效率（Informational Efficiency）是指股价能对新信息做出迅速反应，致使当前股价能够反映关于股票可利用信息的程度。内部人交易改变了市场的信息结构，一方面内部人是信息的发布者，另一方面内部人又利用信息进行交易，这使得市场的投资者分成了知情交易者和不知情交易者，他们之间存在信息不对称。这种信息不对称会对市场的运行效率产生影响。内部人的私有信息会导致股票价格变动，噪声理性预期均衡模型认为这种股价变动既包含了正确的信息，又可能包含噪声。因此内部人交易究竟是提高还是降低了信息效率仍存在争议。

一种观点认为内部人交易提高了信息效率，Manne（1966），

Carlton 和 Fisher（1983 ）较早强调内部人交易同时作为一种信息传递机制在提高市场有效性方面的作用。他们认为内部人交易能产生一种“衍生知情交易机制”，通过该机制，内部人交易把公司股票价格逐步调整到正确水平，避免信息一旦公布引起股价的大起大落，从而提高市场运行效率。另一种观点认为，内部人交易的逐利动机可能驱使内部人在交易中操纵信息，这反而会降低市场的信息效率。研究发现，内部人通过改变信息披露的时间、频率、范围以及盈利预测的准确度和精度来操纵信息，为交易获利（Aboody & Kasznik，2000；Kyriacou，等，2009；Lang & Lundholm，2000；Cheng & Kin，2006；Brockman，等，2008；Cheng Qiang，等，2013）。

3.2.2 股价同步性、股价崩盘风险与信息效率

当前对股价同步性和个股暴跌的成因研究沿着两个路径进行：一个路径是行为金融学的视角，Kumar 和 Lee（2006）发现噪声交易者显著影响股价同步性，许年行、于上尧和伊志宏（2013）从投资者非理性的角度研究市场暴跌的原因；另一个路径是从信息效率的角度，Morck 等（2000）率先提出“股价同步性”概念，使用 R 平方来度量股价同步性的高低。Morck 等认为，R 平方反映了公司特质信息纳入股价的程度，R 平方越高，股价中包含的公司特质信息越少，股价同步性越高。

Jin 和 Myers（2006），Bleck 和 Liu（2007）等认为公司的管理层会隐藏坏消息，而当坏消息累积到一定阶段，突然释放出来或被投资者有效察觉，会造成股票价格的大起大落。随后，Hutton 等（2009）发现公司的财务信息透明度越高，股价崩盘风险越低。同样，会计政策越稳健，崩盘风险越低（Kim & Zhang，2016）。文献也表明，公司内部管理层由于税收规避（Kim，等，2011a）、股权激励（Kim，等，2011b）、个人晋升

(Piotroski，等，2011)、依赖关系进行交易（李增泉，叶青，贺卉，2011)、分析师乐观预测（许年行，等，2012）等，常会隐藏坏消息，而加大股价崩盘风险。梳理以上文献，不难发现，股价之所以“暴跌”，是因为公司的内部人员或外部信息中介(分析师等）为了自身利益诉求，常会隐藏坏消息，但“纸终究包不住火”，坏消息的突然释放或被市场投资者察觉，导致股价的崩盘。

个股崩盘与股市暴跌具有一定的关联性，但个股崩盘更多地是给持有该股的投资者带来巨大损失，常用股价崩盘来度量。“股价同步性”与股市暴跌具有相关性，Jin 和 Myers（2005 ），Hutton 等（2009 ）发现，股价同步性越高，市场崩溃的频率越高。虽然从其定义来看，股价同步性和股价崩盘风险从不同的方面描述了市场运行的效率，但两者都能反映公司信息向市场传递的效率，前者通过同步性反映股价中包含多少公司特质信息，后者反映公司信息向市场传递的过程是否通畅。而内部人交易是一个内部人向市场传递其私有信息的途径，可以合理预期内部人交易会对股价同步性和崩盘风险产生影响。

3.2.3 研究假设

内部人交易改变了信息效率，而同步性和崩盘风险又是反映信息向市场传递效率的重要指标。吴育辉和吴世农（2010）以 2007—2009 年被大股东减持的深交所公司为样本，考察了大股东减持前后 1 个月内的重大公告披露，发现被减持公司倾向于在减持前披露好消息，或将坏消息推迟至减持后披露。廉鹏和王克敏（2009）发现，大股东减持时机与管理者盈余预测时机有相互作用的关系。蔡宁和魏明海（2009 ）发现在“大小非”减持前的季度，上市公司具有正向盈余管理的倾向。大股东对信息的操纵行为会增加公司信息的不透明度，也会加大个股的崩盘风险。因此内部人卖出向市场传递了公司的特质消息，会降低股价的同步性，与个股崩盘风险正相关。内部人买入则向市场传递了内部人拥有的公司利好消息，会增加投资者信心，从而降低股价崩盘风险。由于这一消息是公司的特质信息，因此也会降低股价的同步性。

国外研究（Finnerty，1976；Lakonishok & Lee，2001；Jeng，2003）较为一致地发现，内部人买入通常能够获取收益，而内部人卖出通常不会获取超额收益。其主要原因为：第一，与买入相比，内部人卖出本公司股份的动机较多，比如平衡组合、流动性需求等，这些交易动机并非以获取超额收益为主要目标；第二，欧美发达资本市场针对内部人卖出行为的监管力度更强，违规减持成本极高，在一定程度上限制了内部人攫取减持超额收益的能力。

与国外研究相反，对我国证券市场内部人交易获利能力的研究发现，内部人买入获取的超额收益不明显，而内部人卖出获取的超额收益较高。朱茶芬、李志文和陈超（2011）发现大股东减持后股价会出现下跌。李俊峰、王汀汀和张太原（2012）发现大股东增持并没有价格优势，增持行为也与公司未来的盈利无关。朱茶芬、姚铮和李志文（2011）发现高管卖出对未来股票收益具有很强的预测能力，而买入长期内并没有伴随显著为正的股票收益。本章的描述性统计也发现，内部人买入的比率远小于内部人卖出的比率，如果内部人的买入并非基于公司未来盈利的私有信息，而是具有中国特色的"象征性"增持和"作秀式"增持，这样内部人的买入并没有传递有价值的信息，也不意味着股价的崩盘风险较低。

为此，本章提出假设 1 和假设 2。

假设 1：内部人卖出与股价崩盘风险正相关，与股价同步性负相关。

依据前文分析，假设 2 分为两个竞争性的假设。

假设 2A：内部人买入与股价同步性和股价崩盘风险负相关。

假设 2B：内部人买入与股价同步性和股价崩盘风险无关。

根据信息层级假说（Information Hierarchy Hypothesis），若内部人交易利用了非公开信息，那么掌握公司信息越多的内部人获得的交易回报越大。本章的研究方向并非内部人交易的获利能力，而是内部人交易对市场运行效率的影响，因此本章主要考察内部人对股价的影响能力和对信息的操纵能力，而非信息层级假说按职位区分内部人的级别。鉴于大股东对公司具有控制权或重大影响，因此本章进一步区分大股东和高管，分别检验其交易对股价运行效率的影响，假定高管具有信息的知情权，而大股东既具有信息的知情权，又具有信息的操纵权。因大股东持股较多，其买入和卖出对股价的影响也较大。为此，本章提出假设 3。

假设 3：相对于公司高管，大股东的增、减持行为对股价同步性和股价崩盘的影响更大。

3.3 研究设计

3.3.1 样本与数据来源

本章选取 2007—2012 年我国 A 股上市公司和内部人交易数据为样本。其中上市公司数据和高管交易数据自 CSMAR 数据库、大股东交易数据自同花顺资讯网手工整理而来，机构投资者数据来源于 WIND 数据库。

对于初始数据，本章首先剔除数据缺失样本，并剔除年交易周数小于20周的样本。同时，为了避免极端值对本章研究结论的影响，本章对连续型变量上下各1%分位数之外的数据进行了Winsorize处理。此外，考虑到样本期间较短而横截面样本数较多，借鉴Petersen（2009）、许年行等（2013）的研究，本章在公司层面进行了群聚调整。

3.3.2　变量设计

第一，关于股价同步性和股价崩盘风险，本章借鉴Jeffrey等（2013）、Cheng等（2013）、许年行等（2013）的研究方法，采用以下方法计算：

首先，利用股票 i 的周收益数据，根据模型（3.1）计算股票 i 经过市场和行业调整后的模型的拟合度 R^2 和周收益率的残差 $\varepsilon_{i,t}$。

$$R_{i,t} = \alpha_i + \beta_{1,i}R_{m,t-1} + \beta_{2,i}R_{ind,t-1} + \beta_{3,i}R_{m,t} + \beta_{4,i}R_{ind,t} + \beta_{5,i}R_{m,t+1} + \beta_{6,i}R_{ind,t+1} + \varepsilon_{i,t} \tag{3.1}$$

其中，$R_{i,t}$ 表示股票 i 在第 t 个交易日的收益率，$R_{m,t}$ 表示市场收益率，$R_{ind,t}$ 表示行业收益率。同时，考虑到个股收益率可能与市场和行业收益率不同步涨跌的交易特征，本章在模型（3.1）加入提前和滞后一个交易日的市场收益率和行业收益率（Dimson，1979）。

其次，借鉴Morck等（2000）的研究，利用模型（3.1）的拟合度 R^2，依据模型（3.2）计算股价的同步性指标（$\mathrm{Rsq}_{i,t}$）。

$$\mathrm{Rsq}_{i,t} = \log\left(\frac{R_{i,t}^2}{1 - R_{i,t}^2}\right) \tag{3.2}$$

同时，依据模型周收益率的残差 $\varepsilon_{i,t}$ 进行下述模型（3.3）的对数变换，最终得到股票的特定周收益率（$W_{i,t}$）。

$$W_{i,t} = \log(1 + \varepsilon_{i,t}) \tag{3.3}$$

最后，基于特定周收益率（$W_{i,t}$），构造股崩盘风险指标——负收益偏态系数（$Ncskew_{i,t}$）。

$$Ncskew_{i,t} = -\frac{n(n-1)^{3/2}\sum W_{i,t}^{3}}{(n-1)(n-2)(\sum W_{i,t}^{2})^{3/2}} \tag{3.4}$$

其中，n 为每年股票 i 的交易天数，负收益偏态系数的值越大，说明特定收益的偏态系数为负的可能性越大，股价崩盘风险越高。

第二，关于自变量的选择，本章使用内部人交易比率（Insider）来衡量内部人交易行为，其中买入比率（Buyr）等于高管和大股东一年内买入的总数除以年末流通股股数，而卖出比率（Sellr）等于高管和大股东卖出的总数除以年末流通股股数。

第三，关于控制变量的选择，根据 Gul 等（2010）、Callen 等（2013）、Cheng 等（2013）、Xu 等（2013）等文献的研究，本章选取的控制变量包括：股票 i 在 $t-1$ 年的资产负债率（Lev）、资产规模（Size）、净资产收益率（Roe）、公司市值账面比（MB）、特定日收益率的年累积值（Ret）以及特定日收益率的标准差（Sigma）、行业（Ind）和年度（Year）。

本章详细的变量与说明如表 3-1 所示：

表 3-1　　　　　　变量定义与度量

变量	符号	变量名称与度量标准
信息效率	$Rsq_{i,t}$	股价同步性指标，表示公司特质信息，具体计算参见本书模型（3.2），$Rsq_{i,t}$ 越大，股价同步性越高。
	$Ncskew_{i,t+1}$	崩盘风险指标，负收益偏态系数，具体计算参见模型（3.4），$Ncskew_{i,t+1}$ 越大，个股崩盘风险越大

表3-1(续)

变量	符号	变量名称与度量标准
自变量	$Insider_{i,t}$	内部人交易比率，等于股票 i 的内部人在 t 年买入和卖出的总股数除以 t 年年末流通股股数
	$Buyr_{i,t}$	内部人买入比率，等于股票 i 的内部人在 t 年买入的总股数除以 t 年年末流通股股数
	$Sellr_{i,t}$	内部人卖出比率，等于股票 i 的内部人在 t 年卖出的总股数除以 t 年年末流通股股数
	$TMbuyr_{i,t}$	高管买入比率，等于股票 i 的高管在 t 年买入的总股数除以 t 年年末流通股股数
	$TMsellr_{i,t}$	高管卖出比率，等于股票 i 的高管在 t 年卖出的总股数除以 t 年年末流通股股数
	$SHbuyr_{i,t}$	大股东买入比率，等于股票 i 的大股东在 t 年买入的总股数除以 t 年年末流通股股数
	$SHsellr_{i,t}$	大股东卖出比率，等于股票 i 的大股东在 t 年卖出的总股数除以 t 年年末流通股股数
控制变量	$Lev_{i,t}$	股票 i 在 t 年的资产负债率
	$Size_{i,t}$	股票 i 在 t 年的总资产的自然对数
	$Roe_{i,t}$	股票 i 在 t 年的净资产收益率
	$Mb_{i,t}$	股票 i 在 t 年的市值账面比，MB=（第 t 年年末的股票价格×流通股数量+每股净资产×非流通股数量）/账面权益价值
	$Da_{i,t}$	股票 i 在 t 年的公司可操控性应计，依据 Jones 模型计算
	$Rdtvr_{i,t}$	股票 i 在 t 年的超额股票换手率
	$Ret_{i,t}$	股票 i 在 t 年的特定周收益率的年均值
	$Sigma_{i,t}$	股票 i 在 t 年的特定周收益率的年标准差

3.3.3 实证模型

本书使用如模型（3.5）检验内部人交易对股价同步性的影响。

$$Rsq_{i,t} = \alpha + \beta_1 \times Insider_{i,t} + \lambda \times Control\ Variables_{i,t} + \varepsilon_{i,t} \quad (3.5)$$

其中，$Rsq_{i,t}$表示股票 i 在 t 期的同步性，$Insider_{i,t}$表示股票 i 的内部人在 t 期的交易比率，分别用内部人买入比率（$Buyr_{i,t}$）、内部人卖出比率（$Sellr_{i,t}$）、高管买入比率（$TMbuyr_{i,t}$）、高管卖出比率（$TMsellr_{i,t}$）、大股东买入比率（$SHbuyr_{i,t}$）以及大股东卖出比率（$SHsellr_{i,t}$）来衡量，$Control\ Variables_{i,t}$为一组控制变量，详细变量定义如表 3-1 所示。

同时，使用模型（3.6）来检验内部人交易对个股崩盘的影响。

$$Ncskew_{i,t+1} = \alpha + \beta_1 \times Insider_{i,t} + \lambda \times Control\ Variables_{i,t} + \varepsilon_{i,t} \quad (3.6)$$

其中，$Ncskew_{i,t+1}$表示股票 i 在 t+1 期的崩盘风险，而内部人交易比率（$Insider_{i,t}$）和控制变量（$Control\ Variables_{i,t}$）同模型（3.5）一致，详细变量定义如表 3-1 所示。

3.4 实证结果

3.4.1 描述性统计

从表 3-2 中可以看出，内部人交易比率（Insider）的均值、中位数分别为 0.032 1 和 0.008 4；而内部人买入比率（Buyr）和内部人卖出比率（Sellr）的平均值分别为 0.003 7 和 0.027 6，标准差分别为0.013 6和0.047 3，这充分说明内部人卖出比买入的比率大许多，会对资本市场定价效率产生不同的影响。此外，反映公司股价同步性（Rsq）和个股崩盘风险（Ncskew）的均值分别为 -0.024 2和-0.244 6，标准差分别为0.673 8和0.600 9，这说明公司股价涨跌在样本公司中存在较大差异，这与李春涛等（2013）、许年行等（2013）的研究一致。

表 3-2　　关键变量描述性统计分析

变量	*N*	均值	中位数	极小值	极大值	标准差
Insider	5 484	0.032 1	0.008 4	0.000 0	0.276 5	0.052 4
Buyr	5 484	0.003 7	0.000 0	0.000 0	0.096 1	0.013 6
Sellr	5 484	0.027 6	0.002 0	0.000 0	0.243 9	0.047 3
TMbuyr	5 484	0.000 5	0.000 0	0.000 0	0.018 2	0.002 3
TMsellr	5 484	0.003 7	0.000 0	0.000 0	0.080 7	0.012 6
SHbuyr	5 484	0.003 0	0.000 0	0.000 0	0.080 9	0.011 5
SHsellr	5 484	0.023 6	0.001 1	0.000 0	0.204 2	0.040 7
Rsq	10 605	-0.024 2	-0.050 2	-1.522 3	1.759 4	0.673 8
Ncskew	10 605	-0.244 6	-0.215 1	-2.213 6	1.290 8	0.600 9
Ret	10 605	-0.001 3	-0.001 0	-0.005 4	-0.000 2	0.000 9
Sigma	10 605	0.048 1	0.045 9	0.019 0	0.103 0	0.016 4
Lev	10 604	0.478 5	0.481 3	0.042 5	1.469 3	0.243 7
Size	10 604	21.688 4	21.535 4	18.919 5	25.499 9	1.257 9
Roe	10 602	0.031 5	0.037 8	-51.946 8	22.005 1	0.604 1
Mb	10 604	2.896 6	2.113 4	-5.461 3	18.311 0	2.857 7
Rdtvr	8 583	-0.716 2	-0.484 7	-4.813 7	0.690 1	1.085 2
Da	7 671	0.024 9	0.006 1	-0.731 7	0.876 7	0.241 6

3.4.2 内部人交易与股价同步性和个股崩盘

表 3-3 报告了内部人交易与股价同步性和个股崩盘风险的回归结果。本章发现，内部人的卖出比率与股价同步性显著负相关，而与未来一期的个股崩盘风险显著正相关。这充分说明，内部人具有信息优势，内部人的卖出向市场传递了公司的特质消息，会降低股价的同步性，同时由于其私有信息是负面的，且存在信息操纵，会影响崩盘风险。因此，假设 1 得到了支持。

表 3-3 内部人交易与股价同步性和个股崩盘风险

	Rsq (1)	Ncskew (2)	Rsq (3)	Ncskew (4)
Buyr	13.707	3.507		
	(3.93)**	(0.93)		
Sellr			-0.973	0.797
			(4.62)**	(2.92)**
Lev	-0.054	-0.155	-0.057	-0.155
	(1.25)	(3.64)**	(1.32)	(3.65)**
Size	0.040	0.043	0.037	0.047
	(4.57)**	(5.15)**	(4.12)**	(5.57)**
Roe	0.500	0.226	0.512	0.230
	(6.47)**	(2.54)*	(6.63)**	(2.60)**
Mb	0.057	0.041	0.057	0.042
	(10.11)**	(8.70)**	(10.19)**	(8.75)**
Ret	350.851	99.107	352.326	102.210
	(6.70)**	(1.51)	(6.73)**	(1.56)

表3-3(续)

	Rsq (1)	Ncskew (2)	Rsq (3)	Ncskew (4)
Sigma	48.409	7.995	48.622	7.993
	(17.43)**	(2.30)*	(17.51)**	(2.31)*
Rdtvr	-0.024	-0.007	-0.024	-0.005
	(3.32)**	(0.72)	(3.30)**	(0.57)
Da	-0.083	0.011	-0.079	0.011
	(2.98)**	(0.31)	(2.87)**	(0.31)
Year	Control	Control	Control	Control
Industry	Control	Control	Control	Control
R^2	0.61	0.04	0.61	0.04
N	6 217	6 170	6 217	6 170

注：括号内的数值为 T 值；***，**，* 分别表示 1%，5%，10%的显著性水平。

此外，关于假设 2 的两个竞争性假设，由表 3-3 可知，内部人的买入比率与未来一期的个股崩盘风险不相关，与股价同步性显著正相关。这说明，在中国资本市场上，内部人的买入并非基于公司未来盈利的私有信息，而是具有中国特色的“象征性”增持和“作秀式”增持，这样内部人的买入并没有传递有价值的公司特质信息，也不意味着股价的崩盘风险较低。结果支持了假设 2B。在控制变量中，ROE 等与崩盘风险显著正相关，这与 Hutton 等（2009）、许年行等（2012）等的研究结论相同。

3.4.3 大股东与高管增、减持行为的不同影响

表 3-4 和表 3-5 分别报告了高管交易和大股东交易对股价

同步性和个股崩盘风险的影响。由表 3-4 可知，高管的买入行为与股价同步性和股价崩盘风险仅在 10%的水平上正相关。高管买入行为与崩盘风险的弱正相关性从理论上难以解释，可能的解释是部分高管可能是情绪交易者。高管的卖出行为与股价同步性负相关，与个股崩盘风险不相关。

表 3-4　　高管交易与股价同步性和个股崩盘风险

	Rsq (1)	Ncskew (2)	Rsq (3)	Ncskew (4)
TMbuyr	8. 847	9. 128		
	(2. 37) *	(2. 23) *		
TMsellr			-2. 147	0. 312
			(3. 97) **	(0. 40)
Lev	-0. 081	-0. 193	-0. 087	-0. 194
	(1. 73)	(4. 03) **	(1. 85)	(4. 05) **
Size	0. 049	0. 046	0. 046	0. 046
	(5. 60) **	(5. 29) **	(5. 31) **	(5. 29) **
Roe	0. 227	0. 063	0. 235	0. 066
	(4. 41) **	(1. 27)	(4. 58) **	(1. 31)
Mb	0. 038	0. 031	0. 038	0. 031
	(9. 16) **	(8. 87) **	(9. 07) **	(8. 87) **
Ret	383. 042	108. 179	386. 812	109. 477
	(8. 65) **	(1. 99) *	(8. 70) **	(2. 01) *
Sigma	52. 419	9. 498	52. 681	9. 538
	(21. 58) **	(3. 09) **	(21. 62) **	(3. 10) **
Rdtvr	-0. 024	-0. 007	-0. 024	-0. 006

表3-4(续)

	Rsq (1)	Ncskew (2)	Rsq (3)	Ncskew (4)
	(3.57) **	(0.73)	(3.71) **	(0.65)
Da	−0.088	0.009	−0.085	0.010
	(3.69) **	(0.27)	(3.56) **	(0.32)
Year	Control	Control	Control	Control
Industry	Control	Control	Control	Control
R^2	0.61	0.04	0.61	0.04
N	6 217	6 170	6 217	6 170

注：括号内的数值为 T 值；***，**，* 分别表示 1%，5%，10%的显著性水平。

而由表 3-5 可知，大股东的买入行为与股价同步性在 5%的水平上显著正相关，与崩盘风险不相关。大股东的卖出行为与股价同步性在 5%的水平上显著负相关，与个股崩盘风险在 5%的水平上显著正相关。这充分说明由于大股东具有信息的处理权，且大股东持股较多，其卖出行为对股价的影响也较大。因为大股东在股权分置改革后获得股票流通权后具有较强的减持动力，所以大股东的卖出行为对股价的同步性和崩盘风险的影响很大，这种影响的程度和高管的交易有所区别。因此假设 3 得到支持，大股东和高管的买入和卖出对股价同步性和股价崩盘产生不同影响，大股东交易行为更能改变市场的同质预期，也更能预见股价的崩盘风险。

表 3-5　大股东交易与股价同步性和个股崩盘风险

	Rsq (1)	Ncskew (2)	Rsq (3)	Ncskew (4)
SHbuyr	19.046	5.632		
	(3.94)**	(1.08)		
SHsellr			-0.987	0.879
			(4.10)**	(2.85)**
Lev	-0.054	-0.155	-0.056	-0.156
	(1.25)	(3.64)**	(1.29)	(3.67)**
Size	0.040	0.043	0.038	0.046
	(4.55)**	(5.13)**	(4.22)**	(5.53)**
Roe	0.501	0.225	0.508	0.233
	(6.48)**	(2.54)*	(6.58)**	(2.64)**
Mb	0.057	0.041	0.057	0.041
	(10.10)**	(8.70)**	(10.23)**	(8.70)**
Ret	350.928	98.949	351.471	103.158
	(6.71)**	(1.51)	(6.72)**	(1.57)
Sigma	48.414	7.989	48.559	8.046
	(17.44)**	(2.30)*	(17.49)**	(2.32)*
Rdtvr	-0.025	-0.007	-0.024	-0.006
	(3.33)**	(0.73)	(3.24)**	(0.60)
Da	-0.083	0.011	-0.080	0.011
	(2.97)**	(0.30)	(2.88)**	(0.31)
Year	Control	Control	Control	Control
Industry	Control	Control	Control	Control

表3-5(续)

	Rsq (1)	Ncskew (2)	Rsq (3)	Ncskew (4)
R^2	0.61	0.04	0.61	0.04
N	6 217	6 170	6 217	6 170

注：括号内的数值为 T 值；***，**，* 分别表示 1%，5%，10% 的显著性水平。

3.4.4 进一步研究：内部人交易信息传递的机理

Callen 等（2013）、Cheng 等（2013）的研究表明，银行信托、投资公司等短期型机构投资者的行为与个股崩盘显著正相关。就国内来看，许年行、于上尧和伊志宏（2013）也发现机构投资者具有明显的羊群行为，并且显著加剧了个股崩盘风险。结合前述研究，本章认为，内部人交易向市场传递了信息，机构投资者会根据内部人交易的行为探究其背后隐含的信息，内部人交易信息通过机构投资者的信息搜集行为最终影响到股价同步性和暴跌风险。为证明内部人交易对股价同步性和股价崩盘风险影响的机理，本章检验了当期内部人交易对未来一期机构投资者持股比例的影响，进而探究信息传递的机理。

借鉴 Callen 等（2013）研究，以未来一期的机构投资者持股比例衡量机构投资者行为，同时，使用模型（3.7）来检验信息传递的机理。

$$\text{Insr}_{i,\ t+1} = \alpha + \beta_1 \times \text{Insider}_{i,\ t} + \lambda \times \text{Control Variables}_{i,\ t} + \varepsilon_{i,\ t} \tag{3.7}$$

其中，$\text{Insr}_{i,t+1}$ 表示股票 i 在 $t+1$ 期的机构投资者持股比例，内部人交易比率（$\text{Insider}_{i,t}$）和控制变量（$\text{Control Variables}_{i,t}$）同模型（3.5）一致。

表 3-6 报告了内部人交易与未来一期机构投资者持股比例的回归结果。由表 3-6 可知，内部人的买入行为与机构投资者基本不相关，而内部人的卖出行为却与未来一期的机构投资者持股比例显著负相关。这说明，内部人的卖出行为传递了强有力的私有消息，而机构投资者也通过洞察内部人卖出的信息，而跟风卖出相应的股票，降低自身持股比例，进而可能导致了未来股价的崩盘风险。这进一步说明，内部人交易利用自己的信息优势，通过知情交易机制提高股票的定价效率，即内部人通过交易向市场传递尚未公开的信息，其后模仿交易者将内部人的私有信息迅速反映在股价中（曾庆生，2012），从而加大了个股未来期间的崩盘风险。

表 3-6　　内部人交易与机构投资者持股比例

	Insr (1)	Insr (2)	Insr (3)	Insr (4)	Insr (5)	Insr (2)
Buyr	-0. 076					
	(0. 37)					
Sellr		-0. 524				
		(7. 76) **				
TMbuyr			-2. 516			
			(1. 55)			
TMsellr				-2. 282		
				(9. 02) **		
SHbuyr					-0. 062	
					(0. 26)	
SHsellr						-0. 486
						(6. 32) **
Lev	-0. 077	-0. 080	-0. 077	-0. 081	-0. 077	-0. 079

表3-6(续)

	Insr (1)	Insr (2)	Insr (3)	Insr (4)	Insr (5)	Insr (2)
	(3.42)**	(3.58)**	(3.44)**	(3.63)**	(3.42)**	(3.52)**
Size	0.075	0.072	0.075	0.072	0.075	0.073
	(18.36)**	(17.65)**	(18.37)**	(17.83)**	(18.36)**	(17.81)**
Roe	0.197	0.194	0.197	0.202	0.197	0.193
	(9.45)**	(9.36)**	(9.49)**	(9.75)**	(9.44)**	(9.31)**
Mb	0.019	0.019	0.019	0.019	0.019	0.019
	(11.78)**	(11.73)**	(11.79)**	(11.51)**	(11.78)**	(11.77)**
Ret	44.476	42.121	44.871	46.686	44.452	42.040
	(2.72)**	(2.59)**	(2.75)**	(2.88)**	(2.72)**	(2.59)**
Sigma	2.765	2.785	2.782	2.967	2.764	2.750
	(2.96)**	(3.00)**	(2.98)**	(3.20)**	(2.96)**	(2.96)**
Rdtvr	−0.022	−0.023	−0.022	−0.024	−0.022	−0.023
	(8.53)**	(8.95)**	(8.49)**	(9.19)**	(8.54)**	(8.79)**
Da	−0.093	−0.094	−0.093	−0.092	−0.093	−0.094
	(10.01)**	(10.12)**	(9.94)**	(9.91)**	(10.02)**	(10.12)**
Year	Control	Control	Control	Control	Control	Control
Industry	Control	Control	Control	Control	Control	Control
R^2	0.24	0.25	0.24	0.25	0.24	0.25
N	6 191	6 191	6 191	6 191	6 191	6 191

注：括号内的数值为 T 值；***，**，* 分别表示 1%，5%，10% 的显著性水平。

3.4.5 稳健性检验

为了使本章的结论更加稳健，本章进行了稳健性检验。

3.4.5.1 内部人交易股数与股价大跌风险

借鉴 Cheng 等（2013）、李增泉（2012）的研究，本章使用公司 i 在 t 期的超额下跌周数（$Count_{i,t+1}$）来衡量个股的崩盘风险。具体而言，首先，本章依据模型（3.3）计算出来特定周收益率（$W_{i,t}$），若特定周收益率超过其年度均值 3.09 个标准差以上，本章定义为大涨；与之类似，如果公司特定周收益率低于其年度均值 3.09 个标准差以下，本章定义为大跌。其次，使用下跌天数减去上涨天数，从而得到股票的大跌风险指标（$Count_{i,t+1}$）。最后，检验内部人交易对股价崩盘风险的影响，具体如表 3-7 所示。

表 3-7　　内部人交易对信息效率的影响

	Count (1)	Count (2)	Count (3)	Count (4)	Count (5)	Count (6)
Buyr	0.702					
	(0.17)					
Sellr		0.949				
		(3.11)**				
TMbuyr			2.566			
			(0.82)			
TMsellr				0.701		
				(0.91)		
SHbuyr					0.122	
					(0.02)	
SHsellr						1.065
						(3.05)**
Lev	-0.178	-0.177	-0.187	-0.186	-0.178	-0.178
	(3.82)**	(3.82)**	(4.07)**	(4.04)**	(3.83)**	(3.85)**

表3-7(续)

	Count (1)	Count (2)	Count (3)	Count (4)	Count (5)	Count (6)
Size	0. 031	0. 036	0. 031	0. 031	0. 031	0. 035
	(3. 52) **	(4. 01) **	(3. 92) **	(4. 02) **	(3. 53) **	(3. 96) **
Roe	0. 224	0. 226	0. 059	0. 058	0. 225	0. 230
	(2. 39) *	(2. 42) *	(1. 22)	(1. 20)	(2. 40) *	(2. 47) *
Mb	0. 033	0. 033	0. 022	0. 022	0. 033	0. 033
	(6. 55) **	(6. 61) **	(6. 97) **	(7. 02) **	(6. 55) **	(6. 56) **
Ret	10. 750	13. 305	0. 899	0. 626	10. 952	14. 492
	(0. 16)	(0. 19)	(0. 02)	(0. 01)	(0. 16)	(0. 21)
Sigma	2. 224	2. 174	2. 002	1. 957	2. 232	2. 238
	(0. 61)	(0. 60)	(0. 75)	(0. 74)	(0. 61)	(0. 62)
Rdtvr	0. 003	0. 004	-0. 002	-0. 002	0. 003	0. 004
	(0. 29)	(0. 42)	(0. 31)	(0. 24)	(0. 30)	(0. 39)
Da	0. 014	0. 014	0. 013	0. 013	0. 015	0. 014
	(0. 38)	(0. 36)	(0. 42)	(0. 43)	(0. 38)	(0. 37)
Year	Control	Control	Control	Control	Control	Control
Industry	Control	Control	Control	Control	Control	Control
R^2	0. 02	0. 02	0. 02	0. 02	0. 02	0. 02
N	6 170	6 170	6 170	6 170	6 170	6 170

注：括号内的数值为 T 值；***，**，* 分别表示 1%，5%，10% 的显著性水平。

由表 3-7 可知，内部人的买入行为与股价崩盘风险不相关，而内部人的卖出行为与个股崩盘风险显著正相关。具体就内部人类型来看，高管的买卖行为与个股崩盘风险均不相关，而大股东的卖出行为则与个股崩盘风险显著正相关，这与前面的研究一致，说明本章的研究结论可靠。

3.4.5.2 内部人交易价值与股价崩盘风险

因为股数变动比率可剔除股价变动的影响，但股价变动本身可能是有价值的信息，所以本章继而使用内部人交易价值比例进行了稳健性检验。如表 3-8 所示，内部人买入行为与股价同步性和股价崩盘不相关，而内部人的卖出行为与股价崩盘风险显著正相关。结果仍然如表 3-3 所示，可见研究结论稳健。

表 3-8 内部人交易价值与股价同步性和股价崩盘风险

	Rsq (1)	Ncskew (2)	Count (3)	Rsq (4)	Ncskew (5)	Count (6)
Bvalue	-0.452	0.335	0.240			
	(0.83)	(0.81)	(0.67)			
Svalue				0.312	0.361	0.444
				(1.78)	(2.43) *	(3.16) **
Lev	-0.213	-0.217	-0.198	-0.212	-0.212	-0.192
	(3.10) **	(3.47) **	(3.32) **	(3.09) **	(3.39) **	(3.23) **
Size	0.064	0.043	0.027	0.068	0.046	0.031
	(4.85) **	(3.77) **	(2.58) *	(5.06) **	(4.07) **	(3.02) **
Roe	0.403	0.051	0.002	0.411	0.060	0.014
	(5.03) **	(0.73)	(0.04)	(5.11) **	(0.87)	(0.22)
Mb	0.082	0.036	0.021	0.082	0.036	0.022
	(16.45) **	(8.78) **	(5.59) **	(16.50) **	(8.85) **	(5.74) **
Ret	-121.578	10.301	-90.863	-116.156	19.452	-80.227
	(1.78)	(0.15)	(1.50)	(1.70)	(0.29)	(1.33)
Sigma	6.961	2.011	-4.430	7.099	2.371	-4.029
	(1.83)	(0.52)	(1.27)	(1.87)	(0.61)	(1.16)
Rdtvr	-0.011	-0.001	0.009	-0.010	0.001	0.011
	(1.18)	(0.05)	(1.01)	(1.04)	(0.08)	(1.19)

表3-8(续)

	Rsq (1)	Ncskew (2)	Count (3)	Rsq (4)	Ncskew (5)	Count (6)
Da	0. 022	-0. 021	0. 024	0. 024	-0. 019	0. 027
	(0. 54)	(0. 49)	(0. 60)	(0. 59)	(0. 43)	(0. 67)
Year	Control	Control	Control	Control	Control	Control
Industry	Control	Control	Control	Control	Control	Control
R^2	0. 18	0. 03	0. 01	0. 18	0. 03	0. 02
N	3 342	3 323	3 323	3 342	3 323	3 323

注：括号内的数值为 T 值；***，**，* 分别表示 1%，5%，10% 的显著性水平。

3. 4. 5. 3　高管与大股东增、减持影响程度区分

为了检验大股东比高管对资本市场信息效率的影响程度更高，本章使用了分别仅存在高管卖出行为和大股东卖出行为的样本，发现高管的买入与股价崩盘不相关，实证结果如表 3-9 所示，而大股东的卖出与个股崩盘风险显著正相关，结果仍然如表 3-4 和表 3-5 所示，可见假设 3 的研究结论稳健。

表 3-9　高管和大股东卖出分别对个股崩盘的影响

	Ncskew (1)	Count (2)	Ncskew (3)	Count (4)
TMsellr	0. 807	0. 861		
	(0. 95)	(1. 05)		
SHsellr				
			0. 850	0. 731
			(3. 23) **	(2. 73) **
Lev	-0. 245	-0. 195	-0. 250	-0. 186
	(2. 87) **	(2. 48) *	(3. 68) **	(2. 85) **

表3-9(续)

	Ncskew (1)	Count (2)	Ncskew (3)	Count (4)
Size	0. 070	0. 047	0. 053	0. 030
	(4. 22)**	(3. 18)**	(3. 99)**	(2. 42)*
Roe	0. 145	0. 068	0. 018	0. 004
	(1. 51)	(0. 68)	(0. 24)	(0. 06)
Mb	0. 039	0. 021	0. 032	0. 018
	(7. 08)**	(4. 33)**	(7. 54)**	(4. 31)**
Ret	47. 279	-12. 088	68. 506	-39. 038
	(0. 47)	(0. 13)	(0. 91)	(0. 57)
Sigma	4. 782	0. 755	5. 775	-0. 890
	(0. 85)	(0. 15)	(1. 33)	(0. 23)
Rdtvr	-0. 026	-0. 006	-0. 012	0. 002
	(2. 10)*	(0. 51)	(1. 11)	(0. 25)
Da	-0. 089	-0. 032	-0. 060	-0. 003
	(1. 49)	(0. 61)	(1. 26)	(0. 08)
Year	Control	Control	Control	Control
Industry	Control	Control	Control	Control
R^2	0. 03	0. 01	0. 03	0. 01
N	1 794	1 794	2 700	2 700

注：括号内的数值为 T 值；***，**，* 分别表示 1%，5%，10% 的显著性水平。

3.5 小结

本章从信息传递的角度，探究了内部人交易行为对上市公司股价同步性和股票崩盘风险的影响。本章研究发现：内部人卖出与股价崩盘风险正相关，与股价同步性负相关；内部人买入不能降低股价的崩盘风险，反而提高了股价的同步性；与高管相比，大股东交易对股价同步性和股价崩盘风险的影响更大。进一步研究发现，内部人交易行为改变了未来期间的机构投资者持股比例，这很可能是内部人交易对股价同步性和崩盘风险的一个传导路径。

本章的研究发现说明内部人中的大股东的卖出交易具有很高的信息含量，其卖出交易传递到市场，会降低当期股价的同步性，而且由于卖出交易往往预示着公司未来较大的利空信息，公司股价在其后一期的崩盘风险更高。以往研究发现我国股市大股东在减持过程中存在信息操纵，本章认为其信息操纵有可能加大了个股的崩盘风险。本章在对内部人的买入交易的研究中发现，不论是大股东还是管理层的买入交易均无较高的信息含量，既不能降低股价的同步性，也与股价的崩盘风险无关。这与我国股市内部人卖出远大于内部人买入的现状，以及内部人买入更多的是一种具有象征意味的“作秀”增持相符。本章的研究结果支持了中国证监会最新发布的《关于进一步推进新股发行体制改革的意见》中要求对大股东减持增加持股意向透明度的做法。其结果可以为监管机构完善内部人交易的信息披露与监管制度提供参考，也可以为投资者理性分析内部人交易信息、提高定价效率提供启示。

4 大股东股权质押与公司风险承担

4.1 研究背景

公司风险承担是确立公司竞争优势，推动经济增长的关键因素（John，等，2008）。随着20世纪90年代法与金融研究的兴起，大股东控制下公司的风险承担问题逐渐引起了学术界的广泛关注。John等（2008）从公司治理的角度，在对39个国家的跨国研究中发现，在投资者保护程度较弱的国家，因为大股东投资组合的低分散性，大股东控制的公司具有更低的风险承担。Faccio等（2011）从大股东异质性的角度，发现大股东投资组合的分散度与公司风险承担正相关。这些研究为如何看待大股东治理模式的运行机制与效率问题提供了良好的理论基础，但是这些研究并未考虑大股东通过股权质押的方式来分散投资组合的可能性，而股权质押在降低大股东非系统性风险的同时却提高了其系统性风险，其影响公司风险承担的机理必然更为复杂。

我国股权分置改革后，越来越多的上市公司大股东为维持控制权，通过股权质押的方式来分散投资组合风险，而且我国是为数不多的强制披露大股东股权质押情况的国家，这为本章解决这一理论命题提供了一个“准天然实验”。一系列案例表明，大股东通过股权质押的方式分散了投资组合，提高了公司的风险承担水平和绩效，但另一些公司在大股东股权质押后过度承担了风险，损害了债权人和股东的利益（郝项超，梁琪，2009）。2015 年 6 月“股灾”以来，大股东质押的股权频频“爆仓”，大股东股权质押对短期股价波动的影响成为监管机构、媒体和投资者关心的热门话题，但是对于股权质押对公司风险承担及相应的股价长期波动风险的影响，目前尚缺乏有深度的理论与实证研究。这促使本章研究大股东股权质押对公司风险承担的影响机理。

4.2 理论分析与研究假设

早期关于股权集中度与公司绩效的文献认为，公司股权集中度提高有利于提升公司绩效，因为这加强了对管理者的监督，降低了代理成本，改善了公司治理（Shleifer & Vishny，1986）。但是关于股权集中度与公司绩效的实证研究表明，两者之间并不存在明显的正相关关系（薛有志，刘鑫，2014）。一种解释是大股东的隧道行为增加了第二类代理成本（LLSV，1999；Dyck & Zingales，2004），但这并不能完全解释为什么公司绩效不随公司股权集中度的提高而提高。一些文献开始关注大股东治理模式下一种特殊的代理成本——风险代理成本。公司股权集中度越高，公司大股东的风险分散程度越低，投资组合的低分散化使得大股东控制公司拒绝风险性投资项目，即使这些项目有利可图（Amihud，1990）。可见，大股东的财富越集中于公司，大股东的风险厌恶程度越高，风险代理成本也越高。

上述理论成果促使实证研究转而集中于股权集中度与公司风险承担的关系，但是实证检验的结果并不支持股权集中度与公司风险承担之间的正相关性。Faccio 等（2011）认为，大股东投资组合的分散化程度并不必然与公司股权集中度正相关，如果一个大股东的财富足够多，他完全可以在对一家上市公司高度持股的同时实现投资组合的分散化。因此，大股东的异质性，而非上市公司的股权集中度，会影响公司风险承担。

近年来的一系列研究表明，大股东特征对公司风险承担具有重要影响。现有研究主要从大股东性质、大股东投资组合分散度、大股东的投票权，以及大股东的控制权与现金流权分离这几个特征研究了其对公司承担的影响。Nguyen（2011）研究了大股东的性质对公司风险承担的影响，其结果表明家族控制的公司具有更高的风险承担水平，而银行和大股东合一的公司具有更低的风险承担水平。Faccio 等（2011）研究了大股东投资组合的分散度对公司风险承担的影响，采用大股东持有上市公司的数量及各公司风险的相关性指标进行检验后发现，两者之间具有正相关关系。Bauguess 等（2012）则研究了双重股权结构作为一种解决机制对公司风险承担的影响，其结果表明，当上市公司采用双重股权结构后，大股东在不失去控制权的情况降低了持股比例，上市公司通过提高 R&D 投资和资本性开支、降低多元化程度、提高财务杠杆的方式扩大了风险承担。薛有志和刘鑫（2014）则发现公司风险承担与控股股东的两权分离程度呈“倒 U 形”关系。

参照第二章对大股东股权质押行为的本质界定，大股东股权质押行为是在借贷条件下，大股东分散投资组合的一种方式，也是降低公司风险代理成本的一种机制安排。由于大股东通过股权质押的方式，在保留对公司的持股比例不变的情况下，将一部分股权用于融资获取资金，投资于其他项目，这分散了大股东投资组合的非系统性风险，同时又保留了其对公司的控制权。由于大股东投资组合的分散度与公司风险承担正相关，大股东股权质押行为提高了其投资组合的分散度。为此，本章提出假设4。

假设4：大股东股权质押后提高了公司的风险承担水平。

公司的债务政策也会影响公司的风险承担，为了全面揭示大股东股权质押的经济后果，有必要进一步研究大股东股权质押是否对公司债务政策选择产生影响。已有文献分别从债务比例、债务契约保护和债务期限三个方面研究了债务政策对公司风险承担的影响。Jensen 和 Meckling（1976）最早提出公司的债务融资的资产替代效应，即当债务负担过重时，股东通过投资风险高于债务契约约定的项目将风险转移给债权人。其后，大量文献证明了债务融资导致公司过度承担风险，损害债权人利益（Torabzadeh & Bertin，1987；Froot，1993；Lehn & Poulsen，1989；Asquith & Wizman，1990；Billett，2009；Baran & King，2010）。King 和 Wen（2011）从债务契约保护条款的角度研究债权人通过债务契约降低公司风险承担水平的行为，发现债务契约保护承担水平越高，公司的风险承担水平越低。Billett 等（2007）研究了债务期限结构作为一种替代机制对公司风险承担的影响，发现债务期限和债务契约保护可以相互替代，并进一步提出缺乏债务契约的保护，公司将付出更高的资本成本。

公司的风险承担水平并非越高越好，Dong 等（2010）的研究发现，过度风险承担会导致公司偏离目标资本结构，降低企业的最大化价值，不仅损害债权人利益，也与中、小股东的长远利益不符。大股东股权质押已经将一部分风险转移给了质押担保债权人，在自身杠杆和公司杠杆均很高的情况下，大股东可能具有更强的“风险转移”动机。当公司经营失败时，大股东已然通过质押行为套现部分资金，这可能会进一步提高大股东的风险偏好，导致上市公司过度承担风险。Dong 等（2010）的研究表明，公司在过度负债的情况下，进一步提高公司的债务比率是过度风险承担的一种表现。相对于没有大股东股权质押的公司，存在大股东股权质押的公司，其大股东具有更高的风险偏好，因此其负债比率可能更高。如果大股东在股权质押后，具有将风险转移给债权人的动机，那么预期其在股权质押后，还会进一步提高公司的债务水平，为此，本章提出假设 5。

假设 5：相对于没有大股东股权质押的公司，存在大股东股权质押的公司，其债务比率更高，且在大股东股权质押后进一步提高了公司的债务负担。

4.3 研究设计

本章对大股东股权质押影响公司风险承担的检验，可能存在一种反向的因果关系，即大股东因为公司承担风险较高而质押股权。为此，本章为每个有大股东股权质押的公司寻找一个配对样本公司，选择的标准是申万三级行业分类代码一致、总市值最为接近的、从未发生过大股东股权质押的公司。本项目以大股东首次股权质押作为分界点，选取其前、后三年的公司风险承担指标，与配对样本组进行比较，采用 Wilcoxon Signed-Rank 检验来测试统计意义上的差异。依据假设 4，目标公司以股权质押为时点其前后的风险承担水平有统计上的显著差异，而配对公司以目标公司的股权质押为时点其前后的风险承担水平没有统计上的显著差异。依据假设 5，目标公司以股权质押为时点其前后的债务比率具有统计上的显著差异，而配对公司以目标公司的股权质押为时点其前后的债务比率没有统计上的显著差异。

4.3.1 样本与数据来源

本章选取全部A股上市公司中第一大股东首次质押的公司为目标公司，同时为每一个目标公司依前述标准选取一个配对公司。为符合研究目的，样本进行了以下筛选：①剔除在第一次股权质押时前后三年主营业务发生重大变化或进行过重大资产重组的样本；②剔除数据有缺失的样本、ST公司、*ST公司和金融保险类公司。通过以上筛选，最终得到155家目标公司和与其对应的配对公司155家。本章数据自国泰安数据库、Wind数据库手工整理而来。

4.3.2 变量定义

表4-1为本章主要变量与说明。

表4-1 变量定义表

变量名称	变量符号	定义
净利润波动率	RT	用于衡量风险承担，$RT = \sqrt{\frac{1}{n-1}\sum_{i=1}^{n}(PT_i - \frac{1}{n}\sum_{i=1}^{n}PT_i)^2}$
财务杠杆	Lev	负债/资产

4.4 实证结果

4.4.1 描述性统计

表4-2为目标公司与其对应的配对公司在股权质押时点前后的风险承担水平的描述性统计。

表 4-2　　风险承担描述性统计

	N	极小值（万元）	极大值（万元）	均值（万元）	标准差（万元）
目标公司质押前	155	24.49	79 460.73	8 213.30	11 822.98
目标公司质押后	155	11.92	246 616.79	12 372.60	27 008.95
配对公司质押时点前	155	110.76	59 561.60	7 894.42	10 460.17
配对公司质押时点后	155	90.61	74 821.70	9 076.91	11 518.32

根据表 4-2 可知，目标公司在质押前公司风险承担平均水平为 8 213.30 万元，标准差为 11 822.98；目标公司质押后公司风险承担平均水平为 12 372.60 万元，标准差为 27 008.95。目标公司在股权质押后风险承担水平更高且差异较大。

配对公司在目标公司质押时点前公司风险承担平均水平为 7 894.42万元，标准差为 10 460.17；配对公司在目标公司质押时点后公司风险承担平均水平为 9 076.91 万元，标准差为 11 518.32。

根据表 4-3 可知，目标公司质押前财务杠杆均值为 52.09%，标准差为 17.42；质押后财务杠杆均值为 55.64%，标准差为 21.29；质押发生后，财务杠杆变大，且差异变大。配对公司在与其对应的目标公司发生质押时点前财务杠杆均值为 49.73%，标准差为 17.21；质押时点后财务杠杆均值为 50.30%，标准差为 18.36。相比于配对公司，目标公司的财务杠杆值变化更大。

表 4-3　　财务杠杆描述性统计

	N	极小值（%）	极大值（%）	均值（%）	标准差
目标公司质押前	142	5.62	90.00	52.09	17.42

表4-3(续)

	N	极小值(%)	极大值(%)	均值(%)	标准差
目标公司质押后	142	3.55	129.09	55.64	21.29
配对公司质押时点前	142	6.64	93.73	49.73	17.21
配对公司质押时点后	142	10.23	94.91	50.30	18.36

4.4.2 公司风险承担检验

本章对目标公司质押前后的净利润波动率进行 Wilcoxon Signed-Rank 检验，同时对配对公司在目标公司质押时点前后的净利润波动率进行 Wilcoxon Signed-Rank 检验，检验结果如表 4-4和表 4-5所示。

表 4-4　　目标公司 Wilcoxon Signed-Rank 检验

原假设	测试	显著性水平	决策者
目标公司质押前与目标公司质押后之间差异的中位数等于0	相关样本 Wilcoxon 符号秩检验	0.015	拒绝原假设

注：显著性水平是 0.05。

根据表 4-4 中对目标公司 Wilcoxon Signed-Rank 的检验可知，在 5%水平上，显著性水平为 0.015，拒绝原假设。目标公司在质押前后的风险承担水平在统计上有显著差异。

表 4-5　　配对公司 Wilcoxon Signed-Rank 检验

原假设	测试	显著性水平	决策者
配对公司质押时点前与配对公司质押时点后之间差异的中位数等于0	相关样本 Wilcoxon 符号秩检验	0.055	保留原假设

注：显著性水平是 0.05。

根据表 4-5 中对配对公司 Wilcoxon Signed-Rank 的检验可知，在5%水平上，显著性水平为 0.055，保留原假设。配对公司在质押时点前后的风险承担水平在统计上没有显著差异。

通过给目标公司选取配对的公司，可以在一定程度上克服内生性。目标公司在质押前后的风险承担水平有显著差异，而配对公司在目标公司质押时点前后的风险承担水平没有显著差异。目标公司与配对公司的唯一区别在于是否进行过股权质押，这可以说明大股东股权质押对公司的风险承担水平有显著影响。通过描述性统计可知，目标公司质押的风险承担平均水平为 8 213.30万元，质押后的风险承担平均水平为 12 372.60 万元。综上可知，本章提出的假设 4 成立，大股东股权质押可以提高公司的风险承担水平。

4.4.3 公司财务杠杆检验

本章对目标公司质押前后的财务杠杆进行 Wilcoxon Signed-Rank 检验，同时对配对公司在目标公司质押时点前后的财务杠杆进行 Wilcoxon Signed-Rank 检验，检验结果如表 4-6 和表 4-7 所示。

表 4-6 目标公司财务杠杆 Wilcoxon Signed-Rank 检验

原假设	测试	显著性水平	决策者
目标公司质押前与目标公司质押后之间差异的中位数等于 0	相关样本 Wilcoxon 符号秩检验	0.002	拒绝原假设

注：显著性水平是 0.05。

根据表 4-6 可知，目标公司质押前后财务杠杆 Wilcoxon Signed-Rank 检验显著性水平是 0.002，拒绝原假设。该结果说明目标公司在质押前后，其财务杠杆产生了显著性的差异。

表 4-7 配对公司财务杠杆 Wilcoxon Signed-Rank 检验

原假设	测试	显著性水平	决策者
配对公司质押时点前与配对公司质押时点后之间差异的中位数等于 0	相关样本 Wilcoxon 符号秩检验	0.054	保留原假设

注：显著性水平是 0.05。

根据表 4-7 可知，配对公司在目标公司质押时点前后财务杠杆 Wilcoxon Signed-Rank 检验显著性水平是 0.054，保留原假设。该结果说明配对公司在目标公司质押时点前后，其财务杠杆并没有显著性的差异。

由上述实证结果可知，存在大股东股权质押的公司在首次股权质押前、后，财务杠杆水平有显著差异，而配对公司的财务杠杆水平没有显著差异。由描述性统计可知，存在大股东股权质押的公司相对于配对样本组，其在股权质押前具有更高的负债比率，而且在质押后财务杠杆水平的均值显著上升。因此，结果支持假设 5，表明大股东股权质押行为也会产生公司的过度风险承担。

4.4.4 稳健性检验

4.4.4.1 更换风险承担变量

前文的模型选取净利润的波动率作为衡量企业风险承担的变量，为了检验以上结论的稳定性，本章参考 John（2008）、Faccio（2011）等学者的研究，以息税前利润波动率作为净利润的波动率的替代指标来衡量企业风险承担，进行 Wilcoxon Signed-Rank 检验，相应的检验结果如表 4-8 和表 4-9 所示。

表 4-8　稳健性检验：目标公司 Wilcoxon Signed-Rank 检验

原假设	测试	显著性水平	决策者
目标公司质押前与目标公司质押后之间差异的中位数等于 0	相关样本 Wilcoxon 符号秩检验	0.006	拒绝原假设

注：显著性水平是 0.05。

表 4-9　稳健性检验：配对公司 Wilcoxon Signed-Rank 检验

原假设	测试	显著性水平	决策者
配对公司质押时点前与配对公司质押时点后之间差异的中位数等于 0	相关样本 Wilcoxon 符号秩检验	0.064	保留原假设

注：显著性水平是 0.05。

由表 4-8 和表 4-9 可知，目标公司显著性水平是 0.006，拒绝原假设；配对公司显著性水平是 0.064，保留原假设。稳健性检验结果与原结果一致，说明本章的研究结果具有一定的稳健性。

4.4.4.2　*改变检验方法*

配对 T 检验和 Wilcoxon Signed-Rank 检验均可以用于检测配对样本是否存在显著差异，但是配对 T 检验要求样本符合正态分布。本章的样本个数为 155（大于 100），可以近似地认为符合正态分布，所以可以采用配对 T 检验来验证上述结果的稳健性，检验结果如表 4-10 所示。

表 4-10　　配对 T 检验结果

	成对差分					t	df	Sig（双侧）
	均值	标准差	均值的标准误	差分的 95% 置信区间				
				下限	上限			
目标公司	-4 159.29	25 830.46	2 074.75	-8 257.94	-60.64	-2.005	154	0.047
配对公司	-1 182.48	12 419.63	997.56	-3 153.17	788.19	-1.185	154	0.238

根据表 4-10 可知，目标公司配对 T 检验，$t=-2.005$，Sig=0.047，表明目标公司在质押前后风险承担水平在统计上存在显著性差异；配对公司配对 T 检验，$t=-1.185$，Sig=0.238，表明配对公司在质押时点前后风险承担水平在统计上不存在显著性差异。改变检验方法后的结果与原结果一致，说明本章的研究结果存在一定的稳健性。

综上，通过更换变量和改变检验方法重新进行检验，结果并没有发生改变，表明本章研究结果稳健。

4.5 小结

本章的研究结果表明，大股东通过股权质押行为，在维持公司控制权的基础上，提高了投资组合的有效性，从而促使其通过影响公司的决策，加大了公司风险承担。公司风险承担行为有助于提高公司的竞争力，形成竞争优势，提高股东的风险回报。然而，本章的研究结果同时也表明大股东股权质押行为促使高杠杆公司进一步提高债务杠杆水平，因此，大股东股权质押行为也会导致公司过度风险承担。鉴于公司风险承担水平并非越高越好，风险承担应与公司的财务资源相匹配，因此本章的研究并不能得出大股东股权质押行为究竟是产生正面影响，还是负面影响的结论。本书将在第六章从公司投资效率的角度入手，结合公司风险，进一步研究大股东股权质押的经济后果。

5 大股东增、减持与公司财务决策

5.1 研究背景

内部人交易具有外部性是学术界的普遍共识。当前研究主要集中于内部人交易对股票定价效率的影响，但研究结论存在争议：一种观点认为内部人交易通过衍生知情交易机制将私有信息传递到市场，从而提高股票的定价效率；另一种观点则认为内部人的信息优势会引发外部投资者担忧内部人通过改变信息披露的方式来获利，这会挫伤外部投资者信心，降低股票的流动性，进而降低股票的定价效率。Ataullah 等（2014）研究了这两种相反的效应对公司融资约束的影响，其研究结果发现：总体来看，内部人交易提高了投资与企业内部现金流的敏感度，加大了企业的融资约束，从而支持了信心效应，但是内部人买入的信息效应大于信心效应，降低了投资与现金流的敏感度，缓解了融资约束，内部人的卖出则提高了投资与内部现金流的敏感度，加大了融资约束。如果内部人交易影响了公司的融资约束，那么内部人交易是否影响了公司的投资效率？

Baker 等（2013）的分析性研究表明，公司股价的错误定价会影响股权融资成本，公司股价低估会导致权益依赖型公司的投资不足。其分析性研究说明，公司的错误定价仅影响依赖权益融资的公司的投资水平，对于高估值公司，股价的高估只会影响融资决策，其最优投资水平并不受高估值的影响。可见，虽然内部人交易会通过定价机制影响融资约束（Ataullah，等，2014），但并不一定会影响公司的投资水平。因此，有必要进一步研究内部人交易如何影响公司的投资效率。对于权益依赖型公司和非权益依赖型公司，内部人交易对投资水平是否会产生不同的影响？同样，对于高估值和低估值公司，内部人交易是否会产生不同影响？

2005 年的股权分置改革使得大股东通过支付股权的流通溢价获得了在证券市场交易公司股票的权利，令公司的财务决策不再忽视对股价影响，但同时也出现了多起大股东操纵信息披露为交易牟利的事件①。在这种背景下，探讨大股东交易是否对公司内部投资行为产生影响，有着重要的现实针对性。

基于上述理论背景和我国资本市场的现状，本章考察了大股东交易是否影响以及如何影响公司投资效率的问题。之所以选择内部人交易中的大股东交易作为研究对象，是因为两个考虑：第一，大股东交易对股价的影响较大，受到了更多舆论和投资者的关注，对股价及公司的融资约束可能影响更大；第二，大股东在公司持有更多股份，虽然可以通过操纵信息披露获利，但这必然会对其声誉产生负面影响，当中小股东通过压低股价

---

① 一个例子是，创业板上市公司向日葵实际控制人吴建龙在限售股解禁后的 2013 年 9 月，在光伏行业产能过剩、公司陷入财务困境的背景下，大幅抛售公司股票，以减持量 2.8 亿股和减持市值 12.6 亿元创下我国二级市场大股东减持市值之最。在吴建龙减持前，向日葵发布了 10 转增 12、进入上海自贸区、进军机器人产业、投资及出售海外光伏电站等一系列利好题材，股价在 2013 年减持前上涨 150%，减持后下跌超过 30%。

的方式给予惩罚时，大股东的现金流权收益会受损。因此，大股东会在知情交易带来的收益和现金流权损失之间进行权衡，这对公司的投资效率和长远价值的影响机理更为复杂。

本章放松了 Baker 等（2013）的模型中管理者不能影响公司股价的假设，在引入大股东交易后重构了该模型，分析大股东交易对公司投资效率的影响机理。模型的分析性研究表明：①对于低估值的权益依赖型公司，大股东的增持会降低股权融资成本，缓解投资不足；②对于高估值的权益依赖型公司，大股东减持是否导致投资不足取决于减持后股价是否由高估转为低估；③公司信息不对称程度越高，大股东的减持比例越大，通过减持获得的收益越会大于现金流权收益的损失，大股东操纵信息披露大量减持公司股份的动机就越强烈，对公司投资效率的负面影响也越大。本章选择了 2008—2013 年大股东交易的数据，引入了资产误定价指标，对上述理论进行了检验，其研究结果发现：对于低估值的权益依赖型公司，大股东的增持可以显著提高增持前公司资产误定价程度与投资的正相关性；对于高估值的权益依赖型公司，大股东的减持会显著降低减持前资产误定价程度与投资的正相关性；对于高估值的权益依赖型公司，大股东减持比例越大，信息不对称程度越高，公司的投资水平下降越多。本章的实证研究结果支持了分析性研究的推论，表明我国上市公司大股东交易确实影响了权益依赖型公司的投资水平：大股东增持能降低融资约束，缓解投资不足，而大股东在减持过程中可能存在较严重的操纵信息披露和大比例套现的现象，这挫伤了投资者信心，最终影响了公司的投资效率。

本章的研究贡献体现在以下几个方面：第一，本章拓展了 Baker 等（2013）为代表的市场错误定价对公司投资行为影响的研究，表明公司中重要的内部人——大股东可以通过主动的交易行为反向影响市场的错误定价，改变公司的投资效率。第二，以往对内部人交易经济后果的研究侧重于其对市场效率的影响。本章的研究发现，对于低估值的权益依赖型，大股东的增持有利于缓解投资不足；对于高估值的权益依赖型公司，大股东的减持会造成投资不足。本章的研究将内部人交易的经济后果从资本市场拓展到实体经济，为研究该问题提供了一个新的视角。第三，本章提出了一个大股东基于资本市场交易收益与现金流权收益的决策模型。由于大股东增持带来的收益与现金流权收益的方向一致，而大股东减持收益与现金流权收益的方向相反，因此大股东需要在减持收益与现金流权损失之间进行权衡。本章的理论研究与实证研究均表明，信息不对称程度越高，减持比例越大，大股东越会注重减持收益，从而对投资效率的负面影响越大。本章的研究发现有助于从实体经济角度，评估大股东增、减持的不同经济后果和不同驱动因素，这对于证券市场监管部门和政策制定部门具有一定的参考意义。

5.2 文献回顾

5.2.1 内部人交易对定价效率的影响

内部人具有信息优势，这种信息优势使得内部人交易获得了超额收益。由信息优势引导的交易行为对市场信息传递效率和公司投融资效率的影响究竟是正面的还是负面的在学术界存在争论。支持内部人交易提高效率的观点主要认为：第一，内部人交易将信息传递到市场，其后模仿者的交易将股价调整至正常水平，避免消息公布后的大涨大跌；第二，允许内部人运用信息进行交易有助于激励内部人创新来提高投资效率，从而改善内部人与外部投资者之间的代理冲突（Manne，1966；Carlton & Fishel，1983）。而反对者则认为：第一，通过内部人交易的方式传递信息不如直接公布信息来提高股票的定价效率，即内部人为了交易获利阻碍了信息的正常传递；第二，内部人的信息优势会使得外部投资者害怕与内部人交易，从而他们会在与内部人交易时给予一个定价折扣，这会导致企业投资不足（Manove，1989；Ausubel，1990）。经验研究从不同方面支持了内部人交易提高或阻碍信息传递效率的观点。针对公司重大事件前的内部人交易的实证研究支持了内部人交易提高信息传递效应的观点。Hirschey 等（1989）和 Jategaonka（2013）发现资产剥离信息或股票回购信息公布前的内部人交易行为影响了市场对资产剥离信息的反应，即在该类事件（资产剥离或股票回购）公布前，如果公司内部人有净购买行为，市场对资产剥离或股票回购的信息反应更强烈，反之则市场反应要弱得多。这说明内部人交易确实提供了关于公司财务决策的有价值的信号。针对内部人在交易中操纵信息披露的实证研究则支持了内部人交易阻碍信息传递效率的观点。Cheng 等（2013）的研究表明内部人在买入股票前会提高坏消息的盈利预测精度，从而降低买入价；在卖出股票前则会提高好消息的盈利预测精度，从而提高卖出价。

5.2.2 大股东交易对定价效率的影响

我国股权分置改革为研究大股东的交易行为提供了一个天然实验，针对我国资本市场大股东在获得知情交易权后的增、减持行为的实证研究表明：第一，控制性股东的交易对股价的影响更强烈，其持久效应也更强，且买入导致股价上升，卖出导致股价下跌。朱茶芬等（2011）的研究发现，大股东减持给市场传递了估值偏高或业绩前景不佳的新信息，在减持当日公司超额收益率显著为负，且控股股东减持的负面影响更持久。李俊峰等（2011）针对大股东增持的实证研究表明，大股东增持公告日超额收益率显著为正，且可以在未来一段时间内获得显著为正的超额收益。第二，大股东在股份解禁或减持前存在明显的信息披露操纵现象。吴育辉和吴世农（2010）则发现：被减持上市公司在减持前 30 个交易日有显著的正累计超常收益，而在减持后 30 个交易日则出现显著的负累计超常收益；被减持的上市公司倾向于在减持前披露好消息，或将坏消息推迟至减持后披露；减持规模越大，大股东操控上市公司信息披露的概率就越高；相比其他大股东，控股股东对上市公司信息操控更严重，获得的减持收益也更高。蔡宁和魏明海（2009）以股权分置改革后“大小非”减持中的盈余管理为研究对象，研究发现，在原非流通股股东所持股份解禁或减持之前的季度期间，公司的可操控应计显著为正，解禁或减持的规模越大盈余管理的程度也越强，并且盈余管理的程度与相应期间公司股票的市场表现正相关。

5.2.3 内部人交易对投融资效率的影响

现有研究对于内部人交易是否提高投资效率同样存在争议。Manne（1966）认为内部人交易激励管理者从事创新活动，提升股价。Carlton 和 Fishel（1983）进一步指出内部人交易有助于克服经理层的保守经营，从而甄别出愿意承担风险的企业家。Manove（1989）认为内部人交易可能带来企业的非效率投资，其作用机理是外部投资者害怕内部人交易侵蚀自身利益，他们不支持风险较高的投资，从而使得对高风险项目投资不足，而对低风险项目过度投资。Ausubel（1990）的理性预期模型分析结果表明，在内部人交易后，外部投资者会预期内部人从交易中获得好处，进而降低其投资数量，此时，内部人会损失更多，多于其在交易中获得的好处，因此禁止内部人交易是一种帕累托改进。可见，对于内部人交易究竟是降低还是提高企业的投资效率，上述研究出现了相反的结论。

对于内部人交易是否提高企业的投融资效率的实证研究则较少，仅有的一篇文章检验了内部人交易与融资约束间的关系。Ataullah 等（2014）认为内部人交易如果提高了信息传递效率，降低了信息不对称程度，则会降低权益融资成本（信息效应）；如果进行信息操纵，降低了流动性，则会提高权益融资成本（信心效应）。其研究结果发现：总体来看，内部人中公司高管的交易提高了投资与企业内部现金流的敏感度，从而支持了信心效应，但是公司高管的买入降低了投资与现金流的敏感度，表明高管买入的信息效应大于信心效应。这篇研究表明内部人的买入与卖出对资源配置具有不同效果，其机理在于内部人的卖出会降低外部投资者的信心，而买入提高了信息传递效率。应该说，该文是与本章研究最为接近的一篇文章。本章与该文的区别在于：第一，学术界对于用投资与内部现金流的敏感性来衡量融资约束存在质疑，Kaplan 等（1997）的研究表明融资约束度越高的公司内部现金流与投资的敏感性越低，这是因为企业的经营状况越差，内部现金流越低；第二，由于公司的投资需求也可能由负债来满足，因此只有依赖权益融资的公司，股权融资成本的变化才可能影响投资水平，本章进一步考察了内部人交易对权益依赖型公司和非权益依赖型公司的投资效率的不同影响；第三，本章引入了错误定价指标，分别考察了大股东增、减持对高估值和低估值公司的不同影响；第四，本章采用的是大股东交易数据，在我国内部人交易中，大股东交易对股价的影响较大，受到的关注更多，而且大股东交易的不同方向对其现金流权收益和股权交易收益的影响不同，本章进一步考察了大股东减持过程中信息不对称程度和减持比例对投资效率的负面影响。

5.3 理论分析与研究假设

5.3.1 基本模型

本章对 Baker 等（2003）的模型进行了进一步的拓展，对模型引入了大股东交易的假设，重新构建了新的模型，依据该模型分析大股东交易对公司财务决策、公司价值的影响。

模型假设 1：某公司在时期 0 投资 k，在时期 1，该投资的回报为 $f(k)$，$f(\cdot)$ 是一个增函数，且是一个凹函数。如果市场是有效的，则公司的贴现率为 r，因此投资的净现值为 $f(k)/(1+r)-k$。则在 $f(k^*)/(1+r)=1$ 时，得到最优投资数量 k^*。

模型假设 2①：大股东增持的信息效应大于信心效应，增持后股价上升。大股东增持公司股份后，大股东的现金流权收益上升，这会促使大股东利益与公司利益更一致，从而令外部投资者信心上升。由于信息操纵行为一旦为外部投资者发现，公司股价会因信心效应而受挫，而增持前的信息操纵会使增持后的现金流权收益损失更大，这会削弱大股东在增持前进行信息操纵的动机。基于增持的信息效应较强，而信心效应较弱，假定增持后股价会上升。

模型假设 3：大股东减持的信息效应和信心效应方向一致，减持后股价下跌。大股东减持公司股份后，其现金流权收益下降，与公司利益一致性减弱，可能增加公司的代理成本，削弱投资者信心。由于减持后现金流权收益下滑，掏空动机增强，

① 模型假设 2 和模型假设 3 是针对我国大股东增、减持交易的实证研究结果提出的。

控股股东在减持前进行信息操纵的可能性提高。基于减持的信息效应和信心效应的方向一致，假定减持后股价会下跌。

该公司会考虑股价高估和低估时融资的择时收益。它当前的总价值为 p_0，对有效率市场下的合理价值 V_0 的偏离度为 δ。$p_0=V_0(1+\delta)$，当 $\delta>0$，股价高估；当 $\delta<0$，股价低估。该公司负债的定价是公允的。公司发行新股的融资额为 e，e 的限制条件为 $0 \leqslant e \leqslant e^{\max}$。该限制条件意味着公司不能回购股份，并且具有权益融资上限。融资和投资的联系用融资约束条件 $e+w-k(1-\bar{D}) \geqslant 0$ 表示，w 是公司的富余资金，$\bar{D}$ 是对新资产投资的负债比率上限。它意味着公司的债务比率必须低于 $\bar{D}$，而不能超过 $\bar{D}$。在没有大交易的情况下，即公司管理层没有能力改变公司股价的前提下，大股东的持股比例为 s_1，其效用函数为①：

$$\text{Max}: s_1\left[\frac{f(k)}{1+r}-k+\delta e\right] \tag{5.1}$$

服从以下条件：

$$e+w-k(1-\bar{D}) \geqslant 0 \tag{5.2}$$

$$0 \leqslant e \leqslant e^{\max} \tag{5.3}$$

$$e^{\max} > k^{*}(1-\bar{D}) \tag{5.4}$$

其中，$f(k)/(1+r)-k$ 为公司的持续经营价值，δe 为择时收益。当 $k=k^{*}$ 时，公司持续经营价值达到最大，δ 越大，公司的

① 严格来说，由于公司权益融资所带来的摊薄效应，s_1 是 e 的函数，但是由于公司的负债的定价是公允的，当公司权益融资额超过投资需求时，可以通过偿还负债的方式来保证老股东在公司的价值不被大幅稀释，因此此处将 s_1 定义为常数，由于本章主要考察的是大股东交易前后的持股比例变化，对 s_1 的定义不影响其后的研究。此外，在 Stein（1996）的模型中考虑了权益融资对股价的调整压力，以及偏离目标资本结构带来的成本，其后在 Baker 等（2003）的模型中，将其简化设定权益融资上限 $e^{\max}$ 和负债比例上限 $\bar{D}$，同样由于负债的定价是公允的，这样的简化不影响大股东的效用函数，因此本章同样采用了简化的模型。

择时收益越大。

当 $\delta<0$ 时，如果不存在大股东交易行为，依据公式（5.1），公司的最优决策和 $\delta_1<0$ 时的情形一致，即公司股价被低估会导致权益依赖型公司的投资不足，降低公司的持续经营价值，当公司的内部资金严重不足时，即 $w-k^{ec}(1-\bar{D})<0$，会被迫在股价低估时发行新股，从而承受负的择时收益 δe。

当 $\delta>0$ 时，如果不存在大股东交易，依据公式（5.1），公司能达到最优投资规模 k^*，且最优融资决策为融入最大可能的权益融资上限 e^{max}，从而获取财务择时收益 δe。由于 $e^{max}>k^*(1-\bar{D})$，产生了富余资金。即使该富余资金未来的投资回报率为 0，达到权益融资上限 e^{max} 对公司价值和老股东利益来说也没有负面影响，但是富余资金可能导致公司过度投资①，从而有损新股东的利益。

本章对 Baker 等（2003）的模型的突破之处在于：在原模型中的内部人为管理层，假定管理层对于公司股价的偏离度 δ 无能为力，而本章中的内部人为大股东，假定大股东对股价的偏离度有能力调整。依据模型假设 2 和模型假设 3，公司股价在大股东交易后股价偏离度变为 δ_1，当大股东增持时，$\delta_1>\delta$；当大股东减持时，$\delta_1<\delta$。大股东交易（增持或减持）前持股比例为 s_1，交易后持股比例为 s_2。若交易类型为增持，则 $s_1<s_2$；若交易类型为减持，则 $s_1>s_2$。p_0 为公司当前的总价值，$p_0(s_1-s_2)(\delta-\delta_1)$ 为大股东在交易中获取的收益。这样大股东的效用函数变为：

① 从理性的角度来说，大股东的最优化决策是将 $e^{max}>k^*(1-\bar{D})$ 产生的富余资金用于偿还定价公平的负债，或者用于增加公司的财务灵活性，从而不影响公司的最优投资决策。当然也可能存在公司为了验证权益融资的合理性而去过度投资的可能，Baker 等（2003），花贵如等（2010）均验证了投资者情绪与公司过度投资之间的正相关性。

$$\text{Max}: s_2\left[\frac{f(k)}{1+r} - k + \delta_1 e\right] + p_0(s_1 - s_2)(\delta - \delta_1) \quad (5.5)$$

服从以下条件：

$$e + w - k(1 - \overline{D}) \geqslant 0 \quad (5.2)$$

$$0 \leqslant e \leqslant e^{max} \quad (5.3)$$

$$e^{max} > k^*(1 - \overline{D}) \quad (5.4)$$

当 $\delta > 0$，则 $s_1 > s_2$，$\delta_1 < \delta$ (5.6)

当 $\delta < 0$，则 $s_1 < s_2$，$\delta_1 > \delta$ (5.7)

5.3.2 大股东交易对公司投融资决策的影响

5.3.2.1 当股价低估时（δ<0），大股东增持对公司投融资决策行为的影响

在引入大股东交易的情况下，当 δ<0 时，大股东会依据公式（5.5）决策，增持公司股份，导致公司股价的偏离程度从 δ 变为 δ_1。此时 δ_1 的符号会对公司投融资决策行为产生不同的影响。

①当 $\delta_1 > 0$ 时，大股东增持公司股份使得公司股价由低估转为高估，此时公司达到了最优投资水平 k^*，公司的最优权益融资决策是权益融资上限 e^{max}。如果公司为权益依赖型公司，则大股东的增持缓解了投资不足，提升了公司持续经营价值，并且获取了择时正收益 $\delta_1 e$。

②当 $\delta_1 = 0$ 时，大股东增持公司股份使得公司股价提升到了内在价值，此时公司的最优权益融资决策是 $e = k^*(1 - \overline{D})$，公司恰好达到最优投资水平 k^*，不存在富余资金。这缓解了投资不足，提升了公司持续经营价值，避免了损失负的择时收益 δe。

③当 $\delta_1 < 0$ 时，大股东增持公司股份，降低了公司股价的低估程度，使得 $\delta_1 > \delta$，但公司股价仍处于低估状态。当 $w - k(1 - \overline{D}) \geqslant 0$ 时，即公司内部资金充裕而不依赖权益融资

时，公司的最优融资决策为 $e=0$，且能达到最优投资水平 k^*，公司可以在股价被低估的情况下不发行股票而达到最优投资水平，大股东的增持行为不影响公司的投融资决策，对公司价值无影响。当 $w-k(1-\bar{D})<0$ 时，公司的最优投资水平为 $f'(k^{ec})/(1+r)=1-\delta_1(1-\bar{D})$ 决定的 k^{ec}，低于最优投资水平 k^*，但是由于 $f(\cdot)$ 的增函数与凹函数性质，大于由 $f'(k^e)/(1+r)=1-\delta(1-\bar{D})$ 决定的 k^e。而公司的权益融资决策则在 $w-k^{ec}(1-\bar{D})>0$ 时，$e=0$；当 $w-k^{ec}(1-\bar{D})<0$ 时，$e=k^{ec}(1-\bar{D})-w>0$，因投资水平上升，公司的权益融资量 e 会上升，但是由于 $\delta_1>\delta$，公司择时融资损失 $\delta_1 e$ 不一定大于原来的择时损失 δe。总体来看，当 $\delta<0$, $\delta_1<0$ 时，在公司为权益依赖型公司中，大股东增持提高公司投资水平由 k^e 到 k^{ec}，虽然公司仍未达到最优投资水平 k^*，但一定程度上缓解了公司的投资不足，提升了公司的持续经营价值。

从上述推导可见，不论出现哪种情况，当股价低估时，大股东增持行为都会影响权益依赖型公司的投资水平：当股价由低估转向高估或合理估值时，即 $\delta_1\geqslant 0$ 时（情形①和②），公司能达到最优投资水平；当股价由低估提升即 $\delta_1>\delta$，但仍低于0时（情形③），大股东增持虽然不能促使公司达到最优投资水平，但仍能缓解投资不足。为此，本章提出推论1。

推论1：当股价低估时，大股东增持行为会降低权益依赖型公司的投资不足。

5.3.2.2 当股价高估时（$\delta>0$），大股东减持对公司投融资决策行为的影响

在引入大股东交易的情况下，当 $\delta>0$ 时，大股东会依据公式（5.5）决策，减持公司股份，导致公司股价的偏离程度从 δ 变为 δ_1。此时 δ_1 的符号会对公司投融资决策行为产生不同的影响。

①当 $\delta_1>0$ 时，大股东减持公司股份，但公司股价仍处于高

估状态，因此公司也能达到最优投资水平 k^* ，公司的最优权益融资决策仍然是达到权益融资上限 e^{max} ，此时对公司投融资决策无影响。

②当 $\delta_1=0$ 时，大股东减持公司股份使得公司股价等于其内在价值，此时公司的最优权益融资决策是 $e=k^*(1-\bar{D})$ ，公司恰好达到最优投资水平 k^* ，不存在富余资金。

③当 $\delta_1<0$ 时，大股东减持导致公司股价从高估到低估，当 $w-k(1-\bar{D})\geqslant 0$ 时，即公司内部资金充裕而不依赖权益融资时，公司的最优融资决策为 $e=0$，且能达到最优投资水平 k^* ，公司可以在股价被低估的情况下不发行股票而达到最优投资水平，大股东的减持行为不影响公司的持续经营价值，但使得择时收益消失为0。当 $w-k(1-\bar{D})<0$ 时，公司的最优投资水平为 $f'(k^{ec})/(1+r)=1-\delta_1(1-\bar{D})$ 决定的 k^{ec} ，低于最优投资水平 k^*，从而出现投资不足。而公司的权益融资决策则在 $w-k^{ec}(1-\bar{D})>0$ 时，$e=0$；在 $w-k^{ec}(1-\bar{D})<0$ 时，$e=k^{ec}(1-\bar{D})-w>0$ ，即公司被迫在股价较低时发行新股融资，从而满足一定程度的投资需求，不管是投资规模还是权益融资规模均是股价低估程度 δ_1 和公司债务融资上限 $\bar{D}$ 的函数。这一分析表明，在公司内部资金较少，依赖权益融资来满足投资需求的情况下，大股东的减持行为会导致公司投资不足，从而降低公司的持续经营价值，且在公司内部资金积累严重不足的情况下，公司会被迫在较低股价时发行新股，从而承受负的择时收益 $\delta_1 e$ 。

从上述推导可见，大股东减持行为只可能影响权益依赖型公司的投资水平，当减持后股价仍高估时（ $\delta_1\geqslant 0$），大股东减持行为不会影响权益依赖型公司的投资水平，当出现情形③，即减持后股价从高估转化为低估时，大股东的减持行为会导致公司投资不足，由此本章得出推论2。

推论 2：当股价高估时，大股东减持行为是否会导致权益依赖型公司的投资不足，取决于大股东减持后股价是否从高估转向低估。

5.3.3 大股东交易对投资效率的影响程度分析

依据控股股东的决策效用函数公式（5.5），前一部分 $s_2[\frac{f(k)}{1+r}-k+\delta_1 e]$ 为大股东与其他股东共享的公司价值，由公司的未来的投资回报率 $f(k)$ 、财务收益 $\delta_1 e$ 和交易后的持股比例 s_2 决定，而 $p_0(s_1-s_2)(\delta-\delta_1)$ 为大股东在交易中获取的控制权收益，由大股东独享。与不考虑大股东交易行为的决策效用函数（5.1）相比，大股东交易后，股价的偏离程度由 δ 转化成 δ_1，从而改变最优投资水平 k^* 和最优权益融资水平 e 。驱使大股东交易的动力来自交易获利 $p_0(s_1-s_2)(\delta-\delta_1)$ ，由于 p_0 与 δ 相关，因此决定大股东在交易中获利程度的因素为持股比例调整空间 (s_1-s_2) 和股价偏离度的调整空间 $(\delta-\delta_1)$ 。如果公司股价在大股东交易前对内在价值的偏离程度 δ 越大，则股价偏离度的调整空间越大，而 δ 受信息不对称程度影响。可见，大股东的持股比例调整空间 (s_1-s_2) 和当前股价的偏离度 δ 是决定大股东交易过程中获利程度的主要因素。股权调整空间越大，信息不对称程度越高，大股东交易获利的可能性越大。

5.3.3.1 公司对权益融资的依赖性

由模型分析可见，无论控股股东增持还是减持，对公司投资效率产生影响的前提是 $w-k(1-\overline{D})<0$，即公司内部资金较少，必须依赖权益融资来满足投资需求。大股东交易行为改变了股价高估或低估的程度，由此影响权益依赖型公司的投资决策。

5.3.3.2 大股东交易方向的影响

对于权益依赖型公司来说，在大股东交易获取交易收益的同时，其交易方向会对投资效率产生不同影响。其原理在于，共享收益 $s_2[\frac{f(k)}{1+r}-k+\delta_1 e]$ 是否增加，取决于 δ_1 是否大于 δ，只有在增持时，δ_1 才会大于 δ，减持时正好相反。

大股东的增持收益 $p_0(s_1-s_2)(\delta-\delta_1)$ 与共享收益 $s_2[\frac{f(k)}{1+r}-k+\delta_1 e]$ 的方向是一致的，因此有助于缓解权益依赖型公司的投资不足，提高公司持续经营价值，使各类股东的利益实现帕累托改进。

大股东的减持收益 $p_0(s_1-s_2)(\delta-\delta_1)$ 与共享收益 $s_2[\frac{f(k)}{1+r}-k+\delta_1 e]$ 的方向是相反的。大股东的减持会导致 δ_1 小于 δ，这首先会降低择时收益 $\delta_1 e$，但只要 δ_1 仍然大于0，则不会对公司的投资效率产生影响，即不影响公司的持续经营价值 $f(k)/(1+r)-k$。由于择时收益只是在不同股东间分配价值，此时大股东减持的负面效应较小。真正对公司投资效率和持续经营价值产生负面影响的是大股东减持中的第③种情况，大股东减持导致公司股价从高估到低估，δ_1 小于 δ 且小于0，公司的投资决策受到影响，公司投资水平为 k^{ec} 低于 k^*，造成了公司投资不足，且公司会在 $w-k^{ec}(1-\overline{D})<0$ 时，被迫在股价低估时发行股票，产生择时损失。大股东操纵信息披露，大比例减持公司股份，会导致公司股价从高估到低估。

5.3.3.3 减持强度和信息不对称程度的影响

权益依赖型公司的大股东是否会实施不利于公司价值的减持策略，取决于大股东在共享收益 $s_2[\frac{f(k)}{1+r}-k+\delta_1 e]$ 和减持收

益 $p_0(s_1 - s_2)(\delta - \delta_1)$ 之间的权衡。大股东在共享收益中的获利主要来自公司未来的投资回报率 $f(k)$，大股东在交易中的获利程度取决于减持比例（$s_1 - s_2$）和股价调整空间（$\delta - \delta_1$）。

如前所述，δ 主要受信息不对称程度的影响，股价偏离度的调整空间（$\delta - \delta_1$）是大股东减持后信息不对称程度下降的过程，因此，在减持前信息不对称程度越高，大股东减持越多，获利越大。大股东在减持前面临的信息不对称（可能来自大股东的信息操纵）程度越高，大股东通过大比例减持获得的收益就越高，大股东会更不重视减持对投资的负面影响，导致投资水平下降越多。

从上述推导可见，在权益依赖型公司中，大股东减持可能造成投资不足。当公司信息不对称程度越高时，大股东的减持比例越大，通过减持获得的收益越会大于现金流权收益的损失，大股东操纵信息披露大量减持公司股份的动机就越强烈，对公司投资效率的负面影响也越大。为此本章提出推论 3。

推论 3：在权益依赖型公司中，信息不透明度程度越高，大股东减持比例越大，大股东减持越会造成投资不足。

综合上述分析本章可以总结，从理论上看，首先，大股东交易通过股价对投资效率的影响仅体现在权益依赖型公司上，对非权益依赖型公司，由于其投资水平不受股价影响，因此大股东交易对其无影响。其次，模型仅考虑常态下的大股东交易行为，即在低估下增持，高估下减持，但在特殊情况下，尤其在不成熟的股市，大股东可能出现高估下增持，低估下减持的行为。那么在高估状态下，由于投资水平已经最优，大股东增持对投资效率无影响，而在低估状态下，权益依赖型公司的投资水平已经不足，减持将会进一步恶化投资不足。最后，鉴于信息不对称程度越高，大股东大比例减持的获利越大，对投资不足的负面影响就越大，因此信息不对称程度越高，大股东大比例减持对投资不足的负面影响就越大。

5.3.4 研究假设

基于上述三个理论推论和中国资本市场的现实状况，本章将上述三个推论发展成以下几个理论假设进行实证检验。

2008 年金融危机后新闻媒体强烈呼吁大股东增持，监管机构也提出了一系列鼓励大股东增持的举措，一些上市公司大股东即使在股价并未低估的情况下也推出了增持措施，出现了“作秀式”增持和“象征性”增持的情况。基于本章的理论分析，大股东增持只会影响低估值的权益依赖型公司的投资水平，高估值公司由于股权融资并未受限，大股东增持不影响其投资水平。本章根据推论 1 提出假设 6。

假设 6：对于低估值的权益依赖型公司，大股东增持会加强增持前资产误定价程度与投资水平的正相关关系；对于高估值的权益依赖型公司，大股东增持不会影响增持前资产误定价程度与投资水平的正相关关系。

大股东减持的信息效应与信心效应都会导致股价下跌。吴育辉和吴世农（2010）以及蔡宁和魏明海（2009）的研究表明，我国资本市场大股东减持前存在较为强烈的信息操纵现象，这可能进一步加大信心效应。鉴于减持的信心效应较大，本章预计大股东减持会降低减持前资产误定价程度与投资水平的正相关性。根据推论 2，本章提出假设 7。

假设 7：在权益依赖型公司中，大股东减持会削弱减持前资产误定价程度与投资水平的正相关性。

本章依据推论 3 直接提出假设 8。

假设 8：在高估值的权益依赖型公司中，信息不透明程度越高，大股东减持比例越大，公司投资水平下降越多。

5.4 研究设计

5.4.1 样本与数据来源

本章以沪深两市 2008—2013 年上市公司为研究样本。数据来自 CSMAR 数据库和 WIND 数据库，由于在估计投资者情绪时需要使用滞后项，本章使用 2007—2012 年的数据估计误定价。对于初始数据，本章做了以下处理：①剔除金融保险业公司；②剔除 ST 公司；③剔除净资产小于 0 的公司；④由于模型中要用到变化量和滞后变量，剔除上市不满三年的公司；⑤剔除所用数据不齐的公司。本章对主要变量进行 Winsorize 处理，小于 1%分位数与大于 99%分位数的变量分别等于 1%分位数和 99%分位数。

5.4.2 变量定义

5.4.2.1 企业投资行为衡量

现有研究衡量非效率投资的主要有 Fazzari 等（1988）的投资-现金敏感型模型、Vogt（1994）现金流与投资机会交互项模型、Richardson 等（2006）的非效率投资残差模型和新增资本存量与总资产的比值，其中以非效率投资残差模型和新增资本存量与总资产的比值最为常用。由于残差模型被诟病已久，本章选用童盼和陆正飞（2005）的新增资本存量与总资产的比值（I/K），考察其与资产误定价的关系。其中，投资 I=新增资本性支出（固定资产、在建工程和长期资产年度变化值），即它们当年年末总和减去当年年初总和的差额；K =年初总资产，为了消除资产规模对投资规模造成的影响。

5.4.2.2　资产误定价衡量

以往的研究大多会利用 Tobin Q 或类似变量作为衡量市场错误定价的代理变量。然而，使用这些变量很难区分资产误定价理论与投资机会理论，因为这两种理论可能得到相似的结果。所以单纯 Tobin Q 难以区分因投资机会和误定价造成的影响。本章根据 Rhodes-Kropf 等（2004）提出的方法用公司资产总额、盈利能力、债务杠杆等变量解释公司价值，具体模型见模型（5.8）。选用这个核算方法衡量资产误定价，不仅可以区分投资机会和误定价，而且能体现宏观层面造成的行业误定价部分。

$$m_{i,t} = \beta_{0jt} + \beta_{1jt} b_{jt} + \beta_{2jt} \mathrm{ni}_{it} + \beta_{3jt} I_{it} \mathrm{ni}_{it} + \beta_{4jt} \mathrm{LEV}_{it} + \varepsilon_{it} \quad (5.8)$$

其中，m 为公司市场价值，等于股权市场价值加上债权账面价值的自然对数；b 为公司账面总资产的自然对数；ni 代表盈利能力，等于公司会计利润绝对值的自然对数；LEV 是公司的财务杠杆，为资产负债率。根据上述公式将 j 行业第 t 期的截面数据进行回归，获得参数估计值，再将同行业各期的系数估计值取平均值，代入式中求得公司的内在价值 V，最后通过计算 Ln（M/V）计算公司的错误定价程度。

5.4.2.3　权益依赖型衡量

衡量权益依赖的方法有三种：①以发放现金股利为基础的划分指标；②投资-现金流敏感度；③KZ 指数。考虑到我国股利发放率较低、制造业比重高的现状，而且投资-现金流敏感度也可能是源于过度投资而非权益依赖，因此采用 KZ 指数作为权益依赖的衡量指标具有一定适用性。本章采用 Kaplan 等（1997）构建的 KZ 指数，对企业的经营现金流、资产负债率、市值账面比、现金持有水平和现金股利发放水平按照以下公式计算，KZ 指数越高代表权益依赖程度越高。本章将上市公司 KZ 指数从小到大排序，取中位数将公司分为权益依赖型（$\mathrm{Con}_{i,t}=1$）和权益非依赖型（$\mathrm{Con}_{i,t}=0$）。

$$KZ = -1.002\times (CF/ASSET_{t-1}) + 0.283\times MB + 3.139\times LEV - 39.368\times (Dividend/NetPPE) - 1.315\times (CashHolding/NetPPE) \quad (5.9)$$

5.4.2.4 信息不透明程度衡量

本章借鉴 Hutton 等（2009）的研究思路，采用修正 Jones 模型分年度分行业估计公司的可操纵应计项目（DA），并取连续三年的绝对值的均值来衡量上市公司的信息不透明程度。

5.4.2.5 控制变量衡量

模型中的 Controls 为本章的一系列控制变量。借鉴靳庆鲁等（2015）的研究模型，本章将企业规模、经营现金流量、资产负债率和成长性等作为主要控制变量（详细控制变量见表 5-1），并通过行业虚拟变量和年度虚拟变量控制行业和年度效应。本章在各模型中所使用的行业分类来源于证监会行业分类指引，除制造业按照两位代码分类以外，其余均取一位。

表 5-1　　主要变量及其具体定义

变量名称	变量符号	定义
资本投资	$INV_{i,t}$	新增资本性支出/期初总资产
资产误定价	MIS_{t-1}	上一期股票的资产误定价
大股东买入	$Bigbuy_t$	大股东交易买入虚拟变量，如果当期企业大股东交易净买入为正，取 1；否则，取 0
大股东卖出	$Bigsell_t$	大股东交易卖出虚拟变量，如果当期企业大股东交易净卖出为正，取 1；否则，取 0
大股东净卖出率	$SELL_{i,t}$	等于（大股东卖出股数-大股东买入股数）/流通股总数

表5-1(续)

变量名称	变量符号	定义
大股东过度减持	$Oversell_{i,t}$	衡量大股东是否过度减持的虚拟变量。对大股东净卖出率由低到高进行排序，大于中位数的取 1，其余为 0
KZ 指数	KZ_t	KZ 指数，衡量企业的权益融资依赖程度，KZ = -1.002×（经营现金流量净额/上一期资产总额）+0.283×MB + 3.139 × LEV - 39.368 ×（Dividend/NetPPE） - 1.315 ×（CashHolding/NetPPE）。KZ 指数越高，企业依赖权益融资程度越高
融资约束	$Con_{i,t}$	若企业依赖权益融资，则其值取 1；否则，取 0
企业规模	$SIZE_t$	资产总额的自然对数
资产负债率	LEV_t	期末负债总额/期末资产总额
经营现金流量	CF	上一期经营现金流量净额/期初资产总额
现金持有量	$CASH_{t-1}$	期初现金持有量/期初资产总额
企业年龄	$Inage_t$	企业上市年龄的自然对数
成长性	$Growth_t$	企业的营业收入增长率
成长性	$DGrowth_t$	若企业的营业收入增长率小于 0，则取 1；否则，取 0
盈利能力	ROE_t	企业的净资产收益率（ROE）
第一大股东持股	$Firsthold_t$	第一大股东持股比例（%）
股东持股集中程度	$Shrcrz_t$	*Z* 指数
大股东占款	$ACCOV_t$	其他应收款/期初总资产

表5-1(续)

变量名称	变量符号	定义
信息不透明	Opacity	信息不透明的衡量指标，取上市公司连续三年的修正 Jones 模型计算所得的可操纵应计项目（DA）绝对值的均值，该指标越高，代表信息不透明度越高

5.4.3 模型设计

为了研究资产误定价、大股东交易对企业投资的影响，检验假设 6 和假设 7，本章借鉴童盼和陆正飞（2005）的投资-资本存量模型，采用模型（5.10）进行验证：

$$\begin{aligned} INV_{i,t} = {} & \beta_0 + \beta_1 Mis_{i,t-1} + \beta_2 Bigtrade_{i,t} + \beta_3 Con_{i,t} \\ & + \beta_4 Bigtrade_{i,t} \times Mis_{i,t-1} + \beta_5 Bigtrade_{i,t} \times Con_{i,t} \\ & + \beta_6 Bigtrade_{i,t} \times Con_{i,t} \times Mis_{i,t-1} + \lambda controls \end{aligned} \tag{5.10}$$

其中，$INV_{i,t}$ 是企业投资水平，$Mis_{i,t-1}$ 是资产误定价。$Bigtrade_{i,t}$ 是大股东交易，指大股东 $Bigbuy_{i,t}$（大股东增持的虚拟变量）或 $Bigsell_{i,t}$（大股东减持的虚拟变量）。由于两者同时放在同一模型中会引起多重共线性问题，所以将大股东增持 $Bigbuy_{i,t}$ 和大股东减持 $Bigsell_{i,t}$ 分开进行检验。$Con_{i,t}$ 是权益依赖的虚拟变量，当企业依赖权益融资，$Con_{i,t}$ 等于 1。依据假设 6，交乘项 $Mis_{i,t-1} \times Bigbuy_{i,t} \times Con_{i,t}$ 的系数显著为正，依据假设 7，交乘项 $Mis_{i,t-1} \times Bigsell_{i,t} \times Con_{i,t}$ 的系数显著为负。

依据假设 8，大股东在减持行为中获利大于共享利益的时候，会导致大股东过度减持，造成股票低估，影响企业的投资效率。因此，在高估值的权益依赖型公司中，信息不透明程度越高，大股东减持比例越大，越有可能导致公司股票从高估变成低估，降低其投资水平。为了验证假设 8，本章使用模型（5. 11）进行研究：

$$INV_{i,t} = \beta_0 + \beta_1 Opacity_{i,t} + \beta_2 Oversell_{i,t} + \beta_3 Opacity_{i,t} \times Oversell_{i,t} + \lambda controls \quad (5.11)$$

其中，$Opacity_{i,t}$ 代表企业信息不透明程度，采用修正 Jones 模型分年度分行业估计公司的可操纵应计项目（DA），并取连续三年的绝对值的均值来衡量上市公司的信息不透明程度；$Oversell_{i,t}$ 代表大股东是否过度减持的虚拟变量，当大股东过度减持，$Oversell_{i,t}$ 等于 1；预计式中的 $Opacity_{i,t}$ 和 $Oversell_{i,t}$ 的交互项显著为负。

5. 5　实证结果

5. 5. 1　描述性统计

表 5-2 报告了主要变量的描述性统计。从描述性统计结果中可见，根据 RSV 的计算误定价方法，将公司分为低估组和高估组。两组的观测值分别为 3 981 个和 6 749 个，表明我国的股票大部分被高估，这也与花贵如等（2010）和谭跃等（2011）的研究结果相似。对比分析，高估组下的企业投资均值比低估组高，初步分析认为，高估组的企业融资成本较低，公司所受到的融资约束较小，使得其投资水平较高。进一步分析，高估组的负债率均值较高，而现金持有量较低，即高估组的融资约束应该较小，这可能是其投资比低估组高的原因之一。

高估组公司的 ROE 和营业收入增长率相对较好，有着较好的发展前景；而低估组的平均上市年龄较低，表明年轻的上市公司容易被低估。而高估组上市公司的信息不透明度均值达 0. 1，最大值更达 7. 45，这表明上市公司被高估更可能是公司信息不透明，外部投资者盲目追捧所致。

表 5-2　　　　　　　主要变量的描述性统计

A：低估组（Mis<0）						
变量	观测值	均值	标准差	最小值	中位数	最大值
INV	3 981	0.08	0.13	-0.25	0.05	0.86
Mis	3 981	-0.43	1.37	-69.95	-0.24	0
Size	3 981	21.87	1.52	19.11	21.48	25.63
LEV	3 981	0.33	0.22	0.05	0.28	1.12
CF	3 979	0.10	0.21	-1.10	0.09	0.76
CASH	3 875	0.28	0.21	0.01	0.24	0.93
ACCVO	3 981	0.01	0.02	0	0.01	0.19
ROE	3 981	0.06	0.10	-0.66	0.07	0.46
Growth	3 976	0.19	0.44	-0.61	0.13	3.57
lnage	3 981	1.85	0.80	0.69	1.95	3.18
Firsthold	3 981	37.99	15.99	8.94	36.72	75.25
HoldingZ	3 981	14.35	26.87	1.01	4.08	166.10
Opacity	2 244	0.08	0.11	0	0.06	1.86
B：高估组（Mis>0）						
变量	观测值	均值	标准差	最小值	中位数	最大值
INV	6 796	0.07	0.14	-0.25	0.04	0.86
Mis	6 749	0.24	0.19	0	0.21	2.09
Size	8 039	21.75	1.11	19.11	21.70	25.63
LEV	8 039	0.55	0.18	0.05	0.55	1.12
CF	8 036	0.06	0.23	-1.10	0.06	0.76
CASH	6 679	0.20	0.16	0.01	0.16	0.93
ACCVO	8 039	0.02	0.03	0	0.01	0.19
ROE	8 039	0.07	0.15	-0.66	0.08	0.46
Growth	8 030	0.23	0.55	-0.61	0.13	3.57
lnage	8 039	2.24	0.63	0.69	2.40	3.18
Firsthold	8 039	35.51	14.95	8.94	33.72	75.25
HoldingZ	8 039	15.57	26.80	1.01	5.39	166.10
Opacity	5 152	0.10	0.15	0	0.07	7.45

5.5.2 回归结果分析

5.5.2.1 大股东交易、资产误定价对企业投资的影响

表 5-3 报告了资产误定价、大股东交易和权益依赖对企业投资行为的影响。从表 5-3 的第一栏（1）的回归结果可以看出，在不考虑大股东交易的情况下，控制企业规模（SIZE）、现金流量（CF）、现金持有量（CASH）、净资产收益率（ROE）、成长性（GROWTH/DGROWTH）、股东因素（FIRSTHOLD / HOLDINGZ）、行业效应和年度效应后，资产误定价（MIS）与企业投资行为（INV）的系数在 1%的水平下显著为正，这说明资产误定价程度与企业投资水平显著正相关。

在低估组（$Mis_{i,t-1}<0$）和高估组（$Mis_{i,t-1}>0$）中，大股东增持和减持对投资效率产生了不同影响。

表 5-3 第二栏（2）报告了大股东增持对资产误定价与投资效率正相关性的影响。在全样本和低估子样本中，大股东增持、权益融资依赖和误定价的交互项与企业投资行为系数在 1%的水平下显著为正。但是在高估组中，大股东增持、权益融资依赖和误定价的交互项与企业投资行为不显著，这表明由于高估组企业股权融资不受股价低估影响，已经达到了最优投资水平，因此大股东增持不会改变这一状况。这支持了假设 6。此外，在低估组中，资产误定价和权益依赖的交乘项系数显著为正，在高估组则不显著，这表明低估值企业受到了融资约束，所以大股东增持才会对低估值的权益依赖型公司产生效果。

表 5-3 第三栏（3）报告了大股东减持对资产误定价与投资效率正相关性的影响。无论高估组还是低估组，在不存在大股东减持的情况下，权益依赖与资产误定价的交乘项 Con×Mis 均显著为正，而大股东减持、权益融资依赖和误定价的交互项

Mis×Con×Bigbuy与企业投资水平的系数均在1%的水平下显著为负，表明大股东减持的确降低了资产误定价程度与企业投资水平的正相关性，这支持了假设7。

表 5-3　大股东交易、误定价与企业投资回归结果

	(1)	(2)			(3)		
	全样本	全样本	低估组	高估组	全样本	低估组	高估组
MIS	0.051***	0.148***	−0.013 0	0.082 0	0.128***	−0.036 0	−0.177
	(0.01)	(0.02)	(0.02)	(0.11)	(0.03)	(0.03)	(0.12)
Con		−0.028 0	0.022 0	0.081**	−0.021 0	0.110***	0.045 0
		(0.02)	(0.02)	(0.04)	(0.02)	(0.03)	(0.04)
Con×Mis		−0.108***	0.121***	−0.090 0	0.057 0	0.470***	0.250*
		(0.03)	(0.03)	(0.12)	(0.05)	(0.06)	(0.14)
Bigbuy		−0.040 0	−0.004 00	−0.030 0			
		(0.03)	(0.04)	(0.07)			
Mis×Bigbuy		−0.110*	−0.031 0	−0.041 0			
		(0.06)	(0.06)	(0.28)			
Con×Bigbuy		−0.013 0	0.184***	0.029 0			
		(0.04)	(0.06)	(0.09)			
Mis×Con×Bigbuy		0.481***	0.999***	0.082 0			
		(0.10)	(0.11)	(0.33)			
Bsell					0.060***	0.016 0	−0.091*
					(0.02)	(0.03)	(0.05)
Mis×Bigsell					0.024 0	0.063 0	0.867***
					(0.04)	(0.04)	(0.21)
Con×Bigsell					−0.029 0	−0.073 0	0.146**
					(0.03)	(0.04)	(0.07)
Mis×Con×Bigsell					−0.190***	−0.438***	−1.128***
					(0.06)	(0.06)	(0.25)
Size	0.022***	0.023***	0.002 00	0.037***	0.026***	−0.001 00	0.037***
	(0.01)	(0.01)	(0.01)	(0.01)	(0.01)	(0.01)	(0.01)
LEV	0.033***	0.058***	0.161***	−0.017 0	0.033***	0.087***	−0.018 0
	(0.01)	(0.02)	(0.02)	(0.04)	(0.01)	(0.01)	(0.04)
CF	0	0	−0.003 00	0	0	0	0

表5-3(续)

	(1)	(2)			(3)		
	全样本	全样本	低估组	高估组	全样本	低估组	高估组
	(0.00)	(0.00)	(0.01)	(0.00)	(0.00)	(0.01)	(0.00)
CASH	0.614***	0.621***	0.499***	1.124***	0.619***	0.496***	1.126***
	(0.01)	(0.01)	(0.01)	(0.02)	(0.01)	(0.01)	(0.02)
ROE	-0.190	-0.322	-0.058 0	-0.157	-0.327	-0.006 00	-0.156
	(0.21)	(0.21)	(0.31)	(0.25)	(0.21)	(0.31)	(0.25)
ACCVO	0.002*	0.002 00	0.003***	-0.002 00	0.001 00	0.002**	-0.002 00
	(0.00)	(0.00)	(0.00)	(0.00)	(0.00)	(0.00)	(0.00)
GROWTH	0.001***	0.001***	0.001***	0.033***	0.001***	0.001***	0.033***
	(0.00)	(0.00)	(0.00)	(0.00)	(0.00)	(0.00)	(0.00)
DGROWTH	-0.040**	-0.035**	-0.046**	0.017 0	-0.034**	-0.045**	0.018 0
	(0.02)	(0.02)	(0.02)	(0.02)	(0.02)	(0.02)	(0.02)
Firsthold	0.033***	0.022*	0.029**	0.008 00	0.029**	0.041***	0.020 0
	(0.01)	(0.01)	(0.01)	(0.02)	(0.01)	(0.01)	(0.02)
HoldingZ	0.002***	0.002***	0.002***	0.001 00	0.002***	0.002***	0.001 00
	(0.00)	(0.00)	(0.00)	(0.00)	(0.00)	(0.00)	(0.00)
LNAGE	0	0	0	0.001***	0	-0.000*	0.001***
	(0.00)	(0.00)	(0.00)	(0.00)	(0.00)	(0.00)	(0.00)
cons	-0.649***	-0.628***	-0.204	-1.022***	-0.724***	-0.163	-1.024***
	(0.14)	(0.14)	(0.15)	(0.23)	(0.14)	(0.15)	(0.23)
Year	Control	Control	Control	Control	Control	Control	Control
Industry	Control	Control	Control	Control	Control	Control	Control
N	10 494	10 495	3 870	6 625	10 495	3 870	6 625
R^2	0.630	0.631	0.888	0.395	0.631	0.889	0.392
Adj-R^2	0.628	0.630	0.887	0.391	0.630	0.888	0.389
F	538.7	459.1	778.2	110.2	459.1	786.7	109.0

注：VIF 最大没有超过5，多重共线性问题较轻；t 值为采用 Huber-White 方法修正后的 t 统计量，以消除异方差对回归估计带来的影响；***，**，* 分别表示1%，5%，10%的显著性水平。

5.5.2.2 信息不透明、大股东过度减持对企业投资的影响

依据假设8，公司信息不对称程度越高，大股东的减持比例

越大，通过减持获得的收益越会大于现金流权收益的损失，大股东操纵信息披露、大量减持公司股份的动机就越强烈，对公司投资效率的负面影响也越大。本章挑选了大股东减持的子样本对假设 8 进行验证。

表 5-4 最后一列中高减持公司 $Oversell_{i,t}$的系数显著为正，而高减持比例与信息不对称的交乘项 $Oversell_{i,t} \times Opacity_{i,t}$的系数显著为负，即在权益依赖型企业中，信息不透明度越高，大股东减持越会降低企业投资水平。从表 5-4 其他列的回归结果可见，$Oversell_{i,t} \times Opacity_{i,t}$只在高估值、权益依赖组（表 5-4 最后一列）中才对企业投资水平产生影响。由此可见，在权益依赖型企业中，信息不透明程度越高，大股东过度减持的意向越强烈，造成股价从高估变为低估，从而影响了企业的投资效率，这支持了假设 8。

表 5-4　信息不透明、大股东过度减持与企业投资回归结果

	非权益依赖			权益依赖		
	全样本	低估组	高估组	全样本	低估组	高估组
Oversell	−0.038 0	0.012 0	−0.033 0	−0.003 00	−0.021 0	0.027 *
	(0.07)	(0.02)	(0.08)	(0.01)	(0.03)	(0.01)
Opacity	−0.778 **	0.109	−0.285	−0.192 ***	−0.233	0.089 0
	(0.36)	(0.16)	(0.35)	(0.07)	(0.19)	(0.07)
Oversell×Opacity	0.774	−0.088 0	0.441	0.081 0	0.133	−0.189 **
	(0.47)	(0.17)	(0.58)	(0.08)	(0.19)	(0.09)
Size	0.026 0	0.030 ***	0.095 **	0.021 ***	0.010 0	0.024 ***
	(0.03)	(0.01)	(0.04)	(0.00)	(0.01)	(0.00)
LEV	1.092 ***	0.002 00	−0.042 0	−0.060 ***	0.028 0	−0.054 **
	(0.19)	(0.06)	(0.27)	(0.02)	(0.08)	(0.02)
CF	−0.030 0	0.004 00	−0.014 0	−0.000 **	−0.006 00	−0.000 **
	(0.04)	(0.01)	(0.09)	(0.00)	(0.01)	(0.00)
CASH	3.059 ***	0.095 ***	0.651 ***	0.019 0	−0.048 0	0.133 ***

表5-4(续)

	非权益依赖			权益依赖		
	全样本	低估组	高估组	全样本	低估组	高估组
	(0.07)	(0.03)	(0.15)	(0.02)	(0.04)	(0.03)
ROE	1.300	-0.293	0.074 0	-0.376 ***	-0.726 **	-0.369 ***
	(1.11)	(0.35)	(1.15)	(0.12)	(0.35)	(0.12)
ACCVO	-0.946 ***	-0.215 **	-1.873 ***	0	0.014 0	0
	(0.35)	(0.09)	(0.45)	(0.00)	(0.03)	(0.00)
GROWTH	0.000 ***	0.001 ***	0.260 ***	0.053 ***	0.037 ***	0.055 ***
	(0.00)	(0.00)	(0.01)	(0.00)	(0.01)	(0.01)
DGROWTH	0.051 0	-0.021 0	0.004 00	0.017 0	-0.007 00	0.020 *
	(0.06)	(0.01)	(0.07)	(0.01)	(0.03)	(0.01)
Firsthold	0.018 0	-0.038 ***	-0.077 0	-0.016 0	-0.030 0	-0.023 **
	(0.05)	(0.01)	(0.06)	(0.01)	(0.02)	(0.01)
HoldingZ	-0.002 00	0	-0.005 **	0	0.001 00	0
	(0.00)	(0.00)	(0.00)	(0.00)	(0.00)	(0.00)
LNAGE	0.008 ***	0	0.013 ***	-0.000 **	-0.001 00	0
	(0.00)	(0.00)	(0.00)	(0.00)	(0.00)	(0.00)
cons	-1.627 **	-0.487 ***	-1.945 **	-0.321 ***	-0.042 0	-0.417 ***
	(0.68)	(0.17)	(0.90)	(0.10)	(0.24)	(0.12)
N	1 211	540	671	1 241	259	982
R^2	0.901	0.999	0.853	0.376	0.317	0.494
$Adj\text{-}R^2$	0.898	0.998	0.845	0.359	0.224	0.476
F	333.5	11 000	115.3	22.07	3.399	28.01

注：VIF 最大没有超过5，多重共线性问题较轻；t 值为采用 Huber-White 方法修正后的 t 统计量，以消除异方差对回归估计带来的影响；***，**，* 分别表示1%，5%，10%的显著性水平。

5.5.3 稳健性检验

为了检验上述研究结论的稳健性，本章做了如下稳健性检验：①参考辛清泉等（2007）的模型，使用现金流量表上的

“购置固定资产、无形资产和其他长期资产所支付的现金”抵减“处置固定资产、无形资产和其他长期资产所收到的现金”，再将期初资产总额标准化后作为企业投资行为的代理变量。回归结果显示，指标替换后的结果与前文一致，无实质差别。②由于2008—2009年金融危机对企业股票价格和投资行为影响较大，本章剔除了这两年的数据。回归结果显示，使用减少后的研究样本所得的结果与前文一致，无实质差别。③借鉴Berger等（1995）的方法，对行业市值账面比（*M/B*）调整下的公司*M/B*值取自然对数得到指标Ln（*M/B*）替换上文中的误定价指标。回归结果显示，尽管显著性有所下降，但指标替换后的结果与前文基本一致，无实质差别。④改变融资约束的界定标准百分比。回归结果显示，指标替换后的结果与前文一致，无实质差别。可见，本章的研究结果具有较强的稳健性。

5.6 小结

本章基于Baker等（2003）的市场错误定价对公司内部投资行为影响的研究，引入大股东交易后，分析了大股东交易通过影响错误定价从而影响公司投资决策的机理。对于低估值的权益依赖型公司，大股东的增持可以有效降低融资约束，缓解投资不足。对于高估值的权益依赖型公司，当大股东的减持导致股价从高估转为低估时，大股东减持会加剧融资约束，导致投资不足。本章的研究表明，公司中重要的内部人——大股东可以通过主动的交易行为反向影响市场的错误定价，改变公司的投资效率。本章的研究拓展了错误定价与公司投资行为的研究。

本章区分了权益依赖与非权益依赖公司、高估值与低估值公司，检验了我国资本市场大股东交易行为对公司投资效率的影响。本章的研究发现，当依赖权益融资的股票被低估时，大股东增持能够提高资产误定价与公司投资的正相关性；而不论高估值公司还是低估值公司，大股东减持都会削弱资产误定价程度与公司投资的正相关性；公司信息不对称程度越高，大股东减持比例越大，减持对投资水平的负面影响就越大。朱茶芬等（2011）、吴育辉等（2010）以及蔡宁等（2009）的研究表明我国资本市场大股东减持或解禁前存在信息操纵、大比例套现的现象，本章的研究进一步表明这些行为不仅挫伤了投资者信心，而且影响了公司的投资效率，从而拓展了内部人交易经济后果的研究。此外，本章的研究有助于从实体经济的角度，评估大股东增持和减持的不同效果和不同驱动因素，这对于证券市场监管部门和政策制定部门具有一定的参考意义。

6 大股东股权质押与公司投资决策

6.1 研究背景

大股东股权质押是大股东将所持股权作为质押担保物，向金融机构借款的一种财务行为。在我国，大股东股权质押逐渐成为一种较为普遍的经济行为。据本书统计，2009—2013 年，发生大股东股权质押交易的上市公司占总上市公司的比例逐年递增，从 24%稳步上升至 37%。并且这一趋势在民营企业中尤为明显。2013 年，过半上市民营企业的股票被其大股东质押。在如此普遍的质押行为和较高质押比率下，大股东的质押行为究竟是仅仅影响自身的经济利益，还是也会对上市公司价值产生影响，这无疑是一个具有较高现实价值的话题。因此，大股东股权质押行为的经济后果引起了舆论界和投资者的广泛关注，也激发了学术界逐步深入的研究，但相关研究仍然富有争议，一些领域仍有待拓展。

关于大股东股权质押对上市公司的绩效影响，已有研究沿着两条路径，得出相反的结论。一种观点认为大股东股权质押对公司绩效具有负面效应，其影响路径可概括为：大股东股权质押加大了控制权与现金流权的分离，增强了大股东的“掏空”动机，加剧了第二类代理问题（高兰芬，2002；郝项超，梁琪，2009）。但是，股权质押并不一定导致控制权与现金流权的分离（王斌，等，2013），而且大股东的“掏空”行为会导致股价下跌，这会进一步提高大股东的控制权转移风险，因此上述路径并不一定成立。另一种观点则认为，大股东股权质押具有积极效应：首先，大股东质押股权会增加控制权转移风险，促使大股东更加努力提高公司经营业绩，提高公司市值，以降低股价崩盘风险，避免被强制平仓而失去控制权（王斌，等，2013；李旎，郑国坚，2015；谢德仁，等，2016）；其次，作为保障债权实现的手段之一，债权银行会利用质押品质量的“激励效应”控制信贷风险，减少公司的掏空行为，从而降低债务代理成本（谭燕，吴静，2013）。这些研究往往直接采用股份质押前后的业绩变化来解释大股东股权质押的积极效应，由于公司业绩具有短期性，受到的影响因素较多，而且已有研究也表明大股东股权质押会提高公司的盈余管理程度（高兰芬，2002），因此难免存在内生性问题。谭燕和吴静（2013）的研究将是否质押作为因变量，将关联交易作为“掏空”的代理变量，只能证明债权人对质押品的选择，不能证明股权质押具有治理效应，且其研究也存在反向因果等内生性问题。

基于上述研究的不足，本章考察了一种更为长效的影响机制——大股东股权质押是否影响以及如何影响公司的投资决策。大股东股权质押会从两方面影响公司的风险承担，进而影响公司的投资决策。一是投资组合分散化效应。大股东股权质押融资后将资金投向其他领域，分散了大股东的投资组合风险，这会影响公司的风险承担，进而影响公司的投资决策。二是控制权转移风险效应。当公司绩效大幅下滑，或者“股灾”发生，股价大幅下跌时，债权人出于控制风险、维持担保比率的需要，会强制卖出股份，导致大股东失去控制权。已有研究表明，无论是大股东的投资组合风险变化，还是大股东的控制权转移风险不同，都会影响公司的风险承担，进而影响公司的投资行为。与一般融资买入股份的投资者不同的是，大股东质押股份后，并不会被动地等待公司价值变化，他们可以主动参与和影响公司的投资决策，最终影响公司股票的价值。

本书在第四章已经考察了大股东股权质押与公司风险承担的关系，本章进一步考察大股东股权质押会不会改变公司的投资决策。本章的研究发现，大股东股权质押令其投资组合的分散度更高，加大了其控制权转移风险，使得大股东有动力和压力去影响公司管理层调整投资规模适应投资机会的变化。此外，由于负债融资的风险转移效应和债务高悬效应，这种动力随公司财务风险的上升而减弱，而控制权转移带来的压力亦会减弱公司调整投资规模的动力，大股东股权质押只对低财务风险公司的投资效率有提升作用。

本章的研究贡献主要为以下两个方面：第一，本章通过探讨股权质押与投资决策的关系，考察了股权质押对公司绩效的长期影响，弥补了相关研究聚焦于大股东股权质押对公司短期业绩影响的不足，也更契合近年来我国资本市场中大股东股权质押不断常态化、连续化的现实。第二，本章考察了股权质押对低风险公司和高风险公司的不同影响，连接了大股东个人风险与公司风险，拓展了大股东股权质押经济后果的研究领域。

6.2 理论分析与研究假设

6.2.1 股权质押与投资决策

如本书第四章的研究，大股东股权质押会提高大股东投资组合的有效性，降低其非系统性风险，从而使得其促使公司提高风险承担水平。在这种动力机制之下，大股东会影响和控制公司的投资决策，加大公司的风险承担，使得公司能更好地依据投资机会的变换调整投资规模，提升公司的长远价值。

高兰芬（2002）认为股权质押降低了公司绩效，其机理在于股权质押提高了控制权与现金流权的分离程度，增强了大股东的利益侵占动机。郝项超和梁琪（2013）进一步认为股权质押等于大股东变相收回投资或者现金流权受限，但是仍保留表决权，这使得现金流权的激励效应减弱，而表决权带来的侵占效应提高，因此公司绩效与股权质押比率负相关。王斌等（2013）则认为大股东股权质押并不带来现金流权与控制权的分离，因为股权质押一般体现为大股东质押，并非实际控制人质押，而且现金流权从法律上来讲并未受限。当质押品价值大幅下跌时，大股东的质押股份面临强制处置风险，因此股权质押加大了控制性股东的控制权转移风险。在控制权风险转移加大的情况下，大股东既可能采取改善公司治理和管理、提升绩效等长期策略来提高现金流权收益，以支付借款利息，也可能因急于避险采取掏空公司等短期策略。这两种策略是相互矛盾的（王斌，等，2013）。对于股权质押与公司绩效相关性的实证检验，也出现了负相关（杨丽弘，2000；陈宏姿，2001）、正相关（王斌，等，2013）和不相关（许加昂，2000）三种结论。

对我国上市公司大股东质押行为的特征进行考察也可以发现，我国上市公司股权质押具有长期性。大股东股权质押较多发生在民营上市公司中。对于民营上市公司的大股东，由于他们面临融资约束，上市公司股权是其获得贷款的优质担保物，通过连续反复质押股权获得低成本的信贷资金是民营上市公司大股东的普遍做法。在连续股权质押的情况下，不断提升担保品的价值，通过现金分红偿还利息是保证这一融资策略成功的前提。如果大股东采取“掏空”行为，将使得连续质押无法实现，相关债权人也会因“掏空”行为停止为其继续提供质押担保。

如果股权质押与维持控制权存在必然联系，且股权质押是一种长期行为，那么在控制权转移风险加大的情况下，提升公司投资效率就成为降低这种压力的最佳途径。大股东在股权质押后，会加强对管理层的监督，避免管理层因为私人利益（Jensen & Meckling，1976）、帝国扩张动机（Williamson，1964）、短期机会主义动机（Narayanan，1985；Bebchuk & Stole，1993；李秉祥，吴建祥，2015；罗进辉，万迪昉，2011）或者守成动机（Holmstrom & Costa，1986），扭曲投资机会和投资规模间的关系。当好的投资机会来临时，持股风险的加大会促使大股东监督管理层把握投资机会；当投资机会变差时，大股东会促使管理层及时缩减投资规模。

无论是投资组合有效性改变带来的动力机制，还是控制权转移风险加大带来的压力机制，都会导致上市公司提高投资规模与投资机会的相关性。为此，本章提出假设9。

假设9：大股东股权质押提高了公司投资规模与投资机会之间的敏感性。

6.2.2 股权质押、公司风险与投资效率

已有研究表明，在负债率较高的公司中，可能出现两种效应：一种是“债务高悬”(Debts Overhang）效应带来的投资不足（Myers，1977；Hennessy，2004），即在公司负债较高时，公司扩大投资规模会使得利润大部分流向债权人，而风险则全部由股东承担，这使得公司可能放弃净现值大于0的项目，导致投资不足；另一种是“资产替代”（Asset Substitution）效应带来的过度投资（Jensen & Meckling，1976），即在公司负债率极高

时，股东以债权人利益为代价，实施高于原有投资项目风险的新投资，高风险和高收益并存，将风险转移给债权人。在这两种效应并存的情况下，负债会改变公司的投资效率，造成过度投资或投资不足。本书第四章的研究表明，存在大股东股权质押的公司，本身负债率就高于没有大股东股权质押的公司，在股权质押后，公司进一步提高了负债水平。可见，大股东股权质押行为并不会改变债务融资对公司投资效率的负面影响，对于高财务风险公司，负债融资的两种负面效应仍将发挥作用。这样，大股东股权质押提高投资组合有效性带来的动力效应将因负债率的提高而消失。

靳庆鲁等（2015）研究了放松卖空管制对公司投资决策的影响，发现放松卖空管制后，可卖空的公司的股票价值会及时反映利空消息，大股东出于对自身财富的考虑，会产生更强的动机去监督管理层，而大股东的监督会促使公司管理层提高投资与投资机会的敏感性。可见外部威胁的加大有助于管理层提高投资效率。但是该文仅考虑了对于投资机会不同的企业放松卖空管制的不同影响，而没有考虑改变投资规模本身对公司风险可能产生的影响。股权质押提高了大股东的控制权转移风险，增加了外部威胁，在这种情况下，大股东有动机改变公司的投资规模以适应投资机会的变化，从而提高质押股权价值，降低持股风险。但是公司风险的改变具有一定的限度。假定大股东是风险中性的，他们对风险收益比的偏好是一定的，改变投资规模带来的收益要能弥补其风险。因此，控制权转移风险加大带来的压力效应，具有一定的限度，当公司财务风险过高时，这种压力不会促使公司改变投资规模以适应投资机会。

基于上述分析，动力效应会随着负债率的提高而消失，压力效应会随着负债率的提升而失效。为此，本章提出假设 10。

假设 10：大股东股权质押对于投资效率的促进作用仅在低

财务风险的企业有效，而对于高财务风险的企业，大股东股权质押对投资效率没有促进作用。

6.3 研究设计

6.3.1 样本与数据来源

本章的财务基础数据来自国泰安 CSMAR 数据库，有关大股东股权质押与关联交易的数据来自 Wind 资讯数据库。本章的初始样本由沪深两市所有 A 股上市公司组成，且文中所涉及的两个模型采用同一总样本。鉴于我国股权质押交易逐渐兴起于国家工商行政管理总局 2008 年发布《工商行政管理机关股权出质登记办法》之后，且研究中涉及质押交易下一期资本支出的数据，本章所选取的样本期间为 2009—2013 年。

本章对初始样本进行了如下筛选：①剔除相关变量缺失的样本；②剔除金融行业的样本；③剔除 ST 特别处理的样本；④剔除已退市的样本。最终得到有效样本数 9 711 个。为了减轻极端值影响，本章对回归所涉及的所有连续变量上下 2%的观测值进行了缩尾处理。具体样本筛选过程与样本分布如表 6-1 和表 6-2 所示。

表 6-1 样本筛选

样本描述	样本容量（个）
CSMAR 中得到的初始样本	11 185
减：相关变量缺失的样本	(1 014)
金融行业的样本	(196)
ST 特别处理的样本	(226)
现已退市的样本	(38)
最终有效样本	9 711

表 6-2　　　　　　　　**样本分布**

年度	有质押（个）	未质押（个）	合计（个）	有质押占比（%）
2009	354	1 130	1 484	23. 85
2010	368	1 269	1 637	22. 48
2011	543	1 451	1 994	27. 23
2012	661	1 570	2 231	29. 63
2013	879	1 486	2 365	37. 17
合计（个）	2 805	6 906	9 711	
百分比（%）	28. 88	71. 12	100. 00	

6. 3. 2　模型设计和变量定义

为了衡量大股东股权质押行为对公司投资决策的影响，并检验假设 9 与假设 10，本章设计了回归模型（6. 1）：

$$INV_{i,t+1} = \beta_0 + \beta_1 PLED_{i,t} + \beta_2 GROWTH_{i,t} + \beta_3 PLED_{i,t} \times GROWTH_{i,t} + \beta_4 LASSET_{i,t} + \beta_5 CF_{i,t} + \beta_6 LCASH_{i,t} + \beta_7 LAGE_{i,t} + \beta_8 LEVAD_{i,t} + \beta_9 FIRHOLD_{i,t} + \beta_{10} VOL_{i,t} + \alpha + \alpha_{ind} + e \quad (6.1)$$

具体变量定义如表 6-3 所示。

表 6-3　　　　**本章所涉变量名称与变量描述**

变量名称	变量描述
INV_{+1}	被解释变量，t+1 年度固定资产、在建工程、无形资产及长期股权投资科目发生额总和与 t+1 期固定资产、在建工程、无形资产及长期股权投资科目期初余额总和之比，用以衡量公司 t+1 年度的资本支出规模

表6-3(续)

变量名称	变量描述
PLED	主要自变量，虚拟变量，若 t 年度公司存在大股东股权质押行为则取 1，否则取 0，用以衡量股权质押交易的发生
GROWTH	主要自变量，t 年度销售收入相较于 $t-1$ 年度销售收入的增长率，用以衡量 t 年度的投资机会
LASSET	控制变量，t 年度公司总资产的自然对数，用以衡量 t 年度的公司规模
CF	控制变量，t 年度公司经营活动产生的现金流量净额，用以衡量 t 年度公司的现金流动性
LCASH	控制变量，t 年度公司货币资金账户期末余额的自然对数，用以衡量 t 年度公司的资金宽松度
LAGE	控制变量，截至 t 年度公司的上市年龄加 1 的和的自然对数，用以衡量公司的成长阶段
LEVAD	控制变量，t 年度公司的资产负债率经同行业年份均值调整后数值，用以衡量公司的财务风险
FIRHOLD	控制变量，t 年度公司第一大股东持股比例，用以衡量公司的股权集中度
ROA	控制变量，t 年度公司的资产报酬率，用以衡量公司的盈利能力
VOL	控制变量，t 年度、$t-1$ 年度、$t-2$ 年度三年公司息税前利润的标准差，用以衡量公司的经营风险

回归采用 OLS 估计，控制了年份及行业因素。在模型（6.1）中，INV 表示公司的资本支出水平。本章利用资产负债表项目计算得出资本支出水平，即本期固定资产、在建工程、无形资产及长期股权投资科目的发生额总和除以科目期初余额总和。考虑到投资决策对外界市场变化存在一定程度的时间滞后，本章用下一期的资本支出水平 INV_{+1} 作为模型的因变量。借

鉴 Biddle 等（2009）的研究方法，本章用自变量 GROWTH 表示公司本期销售收入的增长幅度，以衡量公司的成长性及公司所面临的投资机会。若本期投资机会与下一期资本支出成正相关，则意味着公司能够较好地把握外界的投资机会。

在模型（6.1）中，本章主要关注交乘项 PLED×GROWTH 的系数。若公司在本年度发生大股东股权质押交易，虚拟变量 PLED 取值为 1，反之取 0。根据假设 9，大股东的股权质押行为可以增强公司把握投资机会的动机，即交乘项系数 β_3 显著为正。

为了判断股权质押对不同风险程度的公司的投资决策的影响，检验假设 10，本章根据个体公司年财务风险的高低对样本进行了划分，采用分组回归的方法观测各组交乘项系数的估计结果。

在以财务风险大小为基础的划分中，本章用公司的资产负债率作为分组标准，并考虑了行业和年份的因素。若个体公司年的资产负债率低于同行业年份公司年资产负债率均值减一个标准差，则该公司年被划分至“低财务风险组（LOWLEV）”。若个体公司年的资产负债率高于同行业年份公司年资产负债率均值加一个标准差，则该公司年被划分至“高财务风险组（HIGLEV）”。剩余样本被划分至“中财务风险组（MEDLEV）”。根据假设 10，本章预期“低财务风险组”的交乘项系数显著，而“高财务风险组”和“中财务风险组”的交乘项系数不显著。

由于公司的风险特质会对公司的资本支出水平产生较大影响，因此本章在使用资产负债率的同时，亦将其引入作为回归的控制变量。公司大股东的股权集中度与大股东的动机密切相关（夏纪军，张晏，2008）。考虑到大股东的动机会影响公司的投资决策，模型控制了公司第一大股东的持股比例。此外，公司的现金存量、流量因素反映了公司的资金宽松程度，亦会影响公司的投资规模（Ataullah，等，2008），需要加以控制。模型（6.1）还控制了个体公司的其他基本特质。

6.4 实证结果

6.4.1 描述性统计

表6-4列示了模型（6.1）中各变量的描述性统计。如表6-3所示，A股上市公司资本支出水平的平均数与中位数分别为0.208与0.096，其较小四分位数与较大四分位数分别为-0.011与0.279，反映各样本资本支出水平的差异较大，且超过25%的样本缩减了其厂房设备等PPE资产规模。虚拟变量PLED的均值为0.289，说明总样本中有28.9%的公司在当年发生了大股东股权质押交易。经过同行业年份均值调整的资产负债率的均值和中位数均为0，且近三年息税前利润标准差的均值和中位数分别为5.792与2.178，说明各公司财务风险与经营风险的概率分布较为均匀。

表6-4　　主要变量描述性统计

Variable	*N*	Mean	1st quartile	Median	3rd quartile	Std. Dev.
INV	9 711	0.208	-0.011	0.096	0.279	0.436
PLED	9 711	0.289	0.000	0.000	1.000	0.453
GROWTH	9 711	0.185	-0.016	0.127	0.297	0.370
LASSET	9 711	21.812	20.907	21.659	22.557	1.333
CF	9 711	332.847	-1.170	79.473	300.000	958.699
LCASH	9 711	6.108	5.308	6.096	6.908	1.337
LAGE	9 711	2.073	1.386	2.398	2.708	0.783
LEVAD	9 711	0.000	-0.139	0.000	0.128	0.200

表6-4(续)

Variable	N	Mean	1st quartile	Median	3rd quartile	Std. Dev.
FIRHOLD	9 711	36. 231	23. 780	34. 390	47. 650	15. 253
ROA	9 711	0. 046	0. 015	0. 040	0. 072	0. 054
VOL	9 711	5. 792	0. 913	2. 178	4. 935	11. 536

依据样本公司年是否发生大股东股权质押交易，本章将总样本分为有大股东股权质押（以下简称“有质押”）的子样本和没有大股东股权质押（以下简称“未质押”）的子样本。表6-5列示了样本分组下各变量的描述性统计量及其差异检验。通过比较两组样本，本章发现，有质押的公司在公司规模、现金流量、现金存量、盈利能力、上市年龄等方面显著低于未质押的公司，而在成长性、投资规模、资产负债率、盈余波动性等方面显著高于未质押的公司。这反映出，较之未质押的公司，有质押的公司大多具有高成长、高风险的特征，因此在模型中控制上述差异。

表6-5　有质押公司与未质押公司特征差异及其检验

Variables	未质押 (1)			有质押 (2)			差异检验 (2) - (1)	
	N	Mean	Median	N	Mean	Median	t	c^2
INV	6 906	0. 194	0. 091	2 805	0. 24	0. 11	-0. 046***	9. 726***
GROWTH	6 906	0. 172	0. 119	2 805	0. 217	0. 146	-0. 045***	22. 380***
LASSET	6 906	21. 881	21. 713	2 805	21. 642	21. 555	0. 239***	23. 543***
CF	6 906	411. 074	90. 821	2 805	140. 249	55. 954	270. 825***	68. 152***
LCASH	6 906	6. 175	6. 153	2 805	5. 943	5. 974	0. 232***	32. 083***
LAGE	6 906	2. 109	2. 398	2 805	1. 984	2. 197	0. 124***	70. 463***
LEVSD	6 906	-0. 007	-0. 003	2 805	0. 015	0. 012	-0. 021***	26. 898***
FIRHOLD	6 906	36. 916	35. 225	2 805	34. 542	32. 79	2. 374***	21. 772***
ROA	6 906	0. 047	0. 041	2 805	0. 043	0. 037	0. 004***	13. 933***
VOL	6 906	5. 627	2. 062	2 805	6. 198	2. 517	-0. 571**	32. 162***

注：***，**，* 分别表示1%，5%，10%的显著性水平。

6.4.2 回归结果分析

表 6-6 报告了假设 9 和假设 10 的回归结果。表 6-6 中第二列反映了总体样本的回归结果，第三、四、五列以财务风险（资产负债率）分组列示了低财务风险组、中财务风险组、高财务风险组的分组回归结果。

表 6-6 大股东股权质押、公司风险与公司投资决策（以财务风险分组）

	TOTAL INV_{+1}	LOWLEV INV_{+1}	MEDLEV INV_{+1}	HIGLEV INV_{+1}
PLED	0.021 9*	0.069 6*	0.016 9	0.004 7
	(1.72)	(1.73)	(1.25)	(0.13)
GROWTH	-0.008 7	-0.127 5***	0.028 1	-0.030 3
	(-0.47)	(-3.56)	(1.23)	(-0.74)
PLED ×GROWTH	0.069 6**	0.261 6***	0.009 9	0.110 5
	(2.05)	(2.68)	(0.26)	(1.53)
LASSET	-0.084 9***	-0.172 7***	-0.067 0***	-0.089 6***
	(-8.86)	(-5.40)	(-6.36)	(-3.55)
CF	-0.000 0	-0.000 0	-0.000 0	0.000 0
	(-0.19)	(-0.31)	(-0.97)	(1.59)
LCASH	0.070 3***	0.094 3***	0.063 8***	0.054 9**
	(9.00)	(4.39)	(7.29)	(2.38)
LAGE	-0.095 8***	-0.104 7***	-0.089 7***	-0.043 1*
	(-12.99)	(-4.80)	(-10.77)	(-1.75)
LEVAD	0.092 2***	0.175 2	0.092 4*	0.138 0
	(2.71)	(0.97)	(1.85)	(0.68)
FIRHOLD	0.000 4	-0.000 0	0.000 6	0.000 7

表6-6(续)

	TOTAL INV$_{+1}$	LOWLEV INV$_{+1}$	MEDLEV INV$_{+1}$	HIGLEV INV$_{+1}$
	(1.24)	(-0.05)	(1.43)	(0.67)
ROA	0.777 0***	0.836 0***	0.927 1***	0.562 8**
	(6.65)	(2.91)	(6.92)	(1.97)
VOL	0.000 1	0.000 6	0.001 1	-0.003 5**
	(0.16)	(0.50)	(1.03)	(-2.49)
N	9 711	1 700	6 475	1 536
R^2	0.104 0	0.206 5	0.098 6	0.100 7
VIF	1.40	1.53	1.42	1.65

注：***，**，*分别表示1%，5%，10%的显著性水平；t统计量已经过White异方差修正，回归考虑了公司层面的聚类效应；各组回归方差膨胀因子（VIF）均小于10，表明回归不存在多重共线性问题；回归控制了年份及行业因素。

基于总样本的估计显示，公司投资机会与质押虚拟变量的交乘项（PLED×GROWTH）和公司下一期的投资规模（INV$_{+1}$）显著正相关。这意味着，在总体上，当公司的大股东质押股权时，公司的投资规模与投资机会大小之间的相关性会得到提高，公司有更多的动力把握外界的投资机会，提高投资效率。这与假设9的预期一致。

在按照样本个体的资产负债率对总样本进行分组后，本章发现交乘项的系数仅在低资产负债率组显著为正，且该系数绝对值显著大于其余两组。换言之，尽管股权质押可以在总体上提高公司把握投资机会的动机，但这种作用只在低财务风险的公司有效。这与假设10的预期一致。在低财务风险组，未质押公司的投资机会与投资规模显著负相关（-0.127 5），说明低财务风险组的公司可能因具有“守成动机”（Holmstrom & Costa，1986）而不愿依据市场变化轻易改变投资规模。但当公司的大股东质押股权后，投资机会与投资规模显著正相关（-0.127 5+0.261 6=0.134 1）。这说明，对于低财务风险的公司，大股东质押股权行为会对公司的投资决策产生质的影响。

由于在中、高财务风险的两组中，交乘项系数均不显著①，因此仅当公司的财务风险足够小时，股权质押的激励作用才能显著发挥，这支持了假设10。

在控制变量中，本章注意到公司的资产规模、上市年龄几乎在各组都与公司的投资规模显著负相关，这说明规模大、发展成熟的公司，其投资水平会因企业的生命周期限制而相对较低。同时，公司的资产报酬率和现金存量几乎在各组都与公司的投资规模正相关，这说明盈利能力越大、资金约束越低的公司，其投资活动便会越积极。

6.4.3 稳健性检验

6.4.3.1 公司资本支出的稳健性检验

在模型（6.1）中，本章采用资产负债表项目金额计算公司的投资规模，即当期固定资产、在建工程、无形资产及长期股权投资科目的发生额总和除以上述科目当期期初余额总和。为了检验回归结果的稳健性，本章改变因变量的衡量方法，采用现金流量表项目计算公司的资本支出规模，即

当期资本支出=（当期固定资产、在建工程、无形资产、长期股权投资科目发生额总和）/（当期固定资产、在建工程、无形资产、长期股权投资科目期初余额总和）

表6-7为公司资本支出的稳健性检验的回归结果。

① 以行业调整后的资产负债率为因子构造交乘项并加入模型（6.1）中，得到了相似的结论。

表 6-7　　　　公司资本支出的稳健性检验

	TOTAL INV_{+1}	LOWVOL INV_{+1}	MEDVOL INV_{+1}	HIGVOL INV_{+1}
PLED	0.021 9*	-0.002 1	0.025 7**	0.032 3
	(1.72)	(-0.04)	(1.99)	(0.63)
GROWTH	-0.008 7	0.099 0	0.032 5	-0.140 3***
	(-0.47)	(0.85)	(1.64)	(-3.36)
PLED ×GROWTH	0.069 6**	0.493 5**	0.026 4	0.149 0*
	(2.05)	(2.02)	(0.73)	(1.87)
LASSET	-0.084 9***	-0.092 6	-0.079 0***	-0.148 5***
	(-8.86)	(-1.17)	(-8.37)	(-4.63)
CF	-0.000 0	-0.000 0	0.000 0	-0.000 1
	(-0.19)	(-0.50)	(0.03)	(-1.31)
LCASH	0.070 3***	0.129 6**	0.065 6***	0.101 1***
	(9.00)	(2.08)	(8.60)	(3.37)
LAGE	-0.095 8***	-0.149 3**	-0.097 2***	-0.098 7**
	(-12.99)	(-2.41)	(-13.24)	(-2.42)
LEVAD	0.092 2***	0.175 8	0.120 6***	0.038 2
	(2.71)	(0.65)	(3.43)	(0.43)
FIRHOLD	0.000 4	0.003 6	0.000 1	0.004 3**
	(1.24)	(1.18)	(0.25)	(2.32)
ROA	0.777 0***	0.604 7	0.892 3***	0.622 2**
	(6.65)	(0.40)	(7.01)	(2.52)

表6-7(续)

	TOTAL INV_{+1}	LOWVOL INV_{+1}	MEDVOL INV_{+1}	HIGVOL INV_{+1}
VOL	0.000 1	0.005 8	0.001 7	-0.002 9**
	(0.16)	(0.61)	(1.20)	(-1.98)
N	9 711	145	8 638	928
R^2	0.104 0	0.609 6	0.108 9	0.167 2
VIF	1.40	4.23	1.46	1.47

注：***，**，*分别表示1%，5%，10%的显著性水平；t统计量已经过White异方差修正，回归考虑了公司层面的聚类效应；各组回归方差膨胀因子（VIF）均小于10，表明回归不存在多重共线性问题；回归控制了年份及行业因素。

表6-7的第二列列示了因变量调整后总样本的回归结果，第三列至第五列分别列示了低财务风险组、中财务风险组和高财务风险组的分组回归结果。在总样本中，交乘项PLED×GROWTH的系数显著为正，而在三组分组样本中，仅低财务风险的交乘项系数显著为正，其余两组交乘项系数均不显著。这与前文中的发现一致。各控制变量的符号和显著程度也没有发生根本性变化。因此，改变衡量资本支出规模的指标，不会影响本章相关结论的有效性。

6.4.3.2　投资机会的稳健性检验

在模型（6.1）中，本章采用本期销售收入相较上期销售收入的增长率来衡量公司的投资机会。为了检验主要自变量的稳健性，本章改变投资机会的衡量方法，采用经年度行业均值调整的销售收入增长率来衡量投资机会。

表6-8为投资机会的稳健性检验的回归结果。

表 6-8　　　　　　**投资机会的稳健性检验**

	TOTAL INV$_{+1}$	LOWLEV INV$_{+1}$	MEDLEV INV$_{+1}$	HIGLEV INV$_{+1}$
PLED	0.031 1***	0.107 5***	0.017 5	0.018 8
	(2.76)	(2.99)	(1.46)	(0.58)
GROWTHAD	−0.010 9	−0.134 1***	0.024 5	−0.020 3
	(−0.56)	(−3.72)	(1.01)	(−0.47)
PLED ×GROWTHAD	0.070 0*	0.191 2**	0.019 2	0.109 6
	(1.93)	(2.10)	(0.47)	(1.41)
LASSET	−0.085 0***	−0.172 4***	−0.067 2***	−0.090 0***
	(−8.87)	(−5.42)	(−6.39)	(−3.57)
CF	−0.000 0	−0.000 0	−0.000 0	0.000 0
	(−0.19)	(−0.37)	(−0.95)	(1.60)
LCASH	0.070 4***	0.094 6***	0.063 9***	0.055 1**
	(9.00)	(4.43)	(7.30)	(2.38)
LAGE	−0.095 8***	−0.104 6***	−0.089 7***	−0.041 9*
	(−12.98)	(−4.79)	(−10.76)	(−1.70)
LEVAD	0.093 1***	0.190 2	0.093 1*	0.138 8
	(2.74)	(1.05)	(1.86)	(0.69)
FIRHOLD	0.000 4	−0.000 0	0.000 6	0.000 6
	(1.26)	(−0.03)	(1.43)	(0.66)
ROA	0.781 4***	0.881 9***	0.931 8***	0.540 9*
	(6.71)	(3.04)	(7.00)	(1.90)
VOL	0.000 1	0.000 7	0.001 1	−0.003 5**
	(0.16)	(0.62)	(1.04)	(−2.51)
N	9 711	1 700	6 475	1 536
R^2	0.103 9	0.204 7	0.098 6	0.100 7
VIF	1.39	1.52	1.41	1.64

注：***，**，* 分别表示 1%，5%，10%的显著性水平；*t* 统计量已经过 White 异方差修正，回归考虑了公司层面的聚类效应；各组回归方差膨胀因子（VIF）均小于 10，表明回归不存在多重共线性问题；回归控制了年份及行业因素。

表 6-8 的第一列列示了主要自变量 GROWTH 调整后总样本

的回归结果，第二列至第四列分别列示了低财务风险组、中财务风险组和高财务风险组的分组回归结果。在总样本中，交乘项 PLED×GROWTHAD 的系数显著为正，而在三组分组样本中，仅低财务风险组的交乘项系数显著为正，其余两组交乘项系数均不显著。这与前文中的发现一致。因此，改变衡量投资机会的指标，不会影响本章相关结论的有效性。

6.4.3.3 分组方法的稳健性检验

在模型（6.1）中，为了检验假设 10，本章将总样本依据资产负债率的高低划分为三组，并采用样本个体同行业年份资产负债率均值正负一个标准差作为划分临界值。为了检验这种分组方法是否有效，本章对样本进行了重新分组。依据资产负债率的高低，总样本被划分为五组，其临界值为 LEVAGE - LEVSD、LEVAGE - 0.5 × LEVSD、LEVAGE + 0.5 × LEVSD、LEVAGE+LEVSD。其中 LEVAGE 代表样本个体同行业年份资产负债率的均值，LEVSD 代表样本个体同行业年份资产负债率的标准差。

表 6-9 为分组方法的稳健性检验的回归结果。

表 6-9 分组方法的稳健性检验

	TOTAL INV_{+1}	LEV_1 INV_{+1}	LEV_2 INV_{+1}	LEV_3 INV_{+1}	LEV_4 INV_{+1}	LEV_5 INV_{+1}
PLED	0.022*	0.070*	0.024	0.013	0.030	0.005
	(1.72)	(1.73)	(0.68)	(0.73)	(1.09)	(0.13)
GROWTH	-0.009	-0.128***	-0.031	0.062*	-0.015	-0.030
	(-0.47)	(-3.56)	(-0.62)	(1.76)	(-0.50)	(-0.74)
PLED ×GROWTH	0.070**	0.262***	-0.006	-0.027	0.063	0.111
	(2.05)	(2.68)	(-0.05)	(-0.52)	(1.03)	(1.53)
LASSET	-0.085***	-0.173***	-0.089***	-0.057***	-0.077***	-0.090***
	(-8.86)	(-5.40)	(-3.95)	(-3.67)	(-3.24)	(-3.55)
CF	-0.000	-0.000	-0.000	-0.000**	0.000	0.000

表6-9(续)

	TOTAL INV_{+1}	LEV_1 INV_{+1}	LEV_2 INV_{+1}	LEV_3 INV_{+1}	LEV_4 INV_{+1}	LEV_5 INV_{+1}
	(-0.19)	(-0.31)	(-0.04)	(-2.21)	(0.83)	(1.59)
LCASH	0.070***	0.094***	0.057***	0.069***	0.062***	0.055**
	(9.00)	(4.39)	(3.43)	(5.73)	(3.06)	(2.38)
LAGE	-0.096***	-0.105***	-0.109***	-0.084***	-0.050***	-0.043*
	(-12.99)	(-4.80)	(-6.31)	(-7.25)	(-2.75)	(-1.75)
LEVAD	0.092***	0.175	-0.341	0.192*	-0.518*	0.138
	(2.71)	(0.97)	(-0.99)	(1.65)	(-1.93)	(0.68)
FIRHOLD	0.000	-0.000	0.001	0.001	0.001	0.001
	(1.24)	(-0.05)	(1.15)	(1.09)	(0.77)	(0.67)
ROA	0.777***	0.836***	0.639**	1.082***	1.011***	0.563**
	(6.65)	(2.91)	(2.50)	(5.40)	(3.80)	(1.97)
VOL	0.000	0.001	-0.000	0.002	0.000	-0.003**
	(0.16)	(0.50)	(-0.06)	(1.25)	(0.06)	(-2.49)
N	9 711	1 700	1 527	3 330	1 618	1 536
R^2	0.104	0.207	0.159	0.114	0.097	0.101
VIF	1.40	1.53	1.59	1.42	1.50	1.65

注：***，**，*分别表示1%、5%、10%的显著性水平；t统计量已经过White异方差修正，回归考虑了公司层面的聚类效应；各组回归方差膨胀因子（VIF）均小于10，表明回归不存在多重共线性问题；回归控制了年份及行业因素。

表6-9的第二列列示了模型（6.1）分组方法调整下总样本的回归结果，第三列至第七列分别列示了依据资产负债率从低到高划分样本的五组分组回归结果。在总样本中，交乘项PLED×GROWTH的系数显著为正，而在五组分组样本中，仅最低财务风险组（LEV_1）的交乘项系数显著为正，其余四组交乘项系数均不显著。这进一步证明，仅当公司的风险足够小时，股权质押提高投资效率的作用才能显著发挥，改变分组方法不影响本章的结论。

6.5 小结

本章探讨了大股东股权质押行为对公司治理与公司投资效率的影响。在公司财务风险较低时，大股东在质押股权后，由于投资组合有效性的提高，控制权转移风险加大，大股东会加强对管理层的监督，促使他们有效地制定投资决策，调整投资规模适应投资机会的变化。但当公司财务风险较高时，大股东股权质押并不会促使公司改变投资规模来适应投资机会的变化。第四章的研究表明，股权质押会提高公司负债水平，这样债务融资产生的“债务高悬”和“风险转移”效应仍会发生作用，导致公司没有动力去提高投资效率。本章的研究支持了第四章的研究，即大股东在股权质押后，已经将一部分风险转移给了质押债权人，公司可能会提高负债水平，进一步将风险转移给公司债权人，这影响了股权质押对投资效率的提升作用。本章结合了大股东个人风险与公司风险，研究大股东股权质押行为对公司投资效率的影响，拓宽了对股权质押经济后果的研究领域。在我国资本市场上，股权质押行为是长期的，并且具有较高的维持担保比率。本章的研究表明，大股东股权质押行为对于低风险公司具有提高投资效率的作用；对于高风险公司，股权质押没有产生积极效果，而过度承担风险的负面影响却会发生作用。因此，本章的研究结论和研究发现，有助于从公司实体经济的角度，结合公司自身风险，评估大股东股权质押的经济后果，这对于监管者和投资者理性认识大股东股权质押行为，具有较大的现实意义。

7 大股东资本市场行为与公司契约设计

7.1 制度环境与契约失灵

7.1.1 研究背景

企业是一系列契约的集合。这些契约包含正式契约与非正式契约，前者通过事前签订一系列事后可以证实的条款，由法院等第三方中介来保障强制执行，而后者依赖于规范、习俗和声誉由交易方自愿执行。由于交易的重复性、交易成本的高昂，以及契约结果的事前难以观测性，大量的交易依赖于声誉机制这种非正式契约来执行。但是声誉机制的有效性受到一系列外部因素的影响，张维迎（2002）将这些因素总结为四个条件：第一，博弈必须是重复的；第二，当事人必须有足够的耐心，也就是更注重长远利益；第三，当事人的不诚实行为能被及时观察到；第四，当事人必须有足够的积极性和可能性对交易对手的欺骗行为进行惩罚。而一个陷入财务困境的企业，其管理当局更多的是考虑如何摆脱眼前的困境，而没有足够的耐心关注长远利益，从而不愿维持在长期交易中发挥效用的声誉。在当前的制度环境下，当事人如果无法摆脱财务困境，则牺牲声誉，谋求短期利益，规避声誉下降的惩罚机制就成为当事人的一个选项。因此，在一个不健全的制度环境下，在一个陷入财务困境的企业中，声誉机制难以发挥有效作用。“仓廪实而知礼节”，不仅仅是一个社会道德现象，其效应同样发生在公司治理机制的运行中。

内部人交易是我国股权分置改革以来的新现象，2005 年股权分置改革使得大股东能够在证券市场交易公司股票，2006 年公司高管也具有了交易自身公司股票的权利。交易权将内部人利益与公司股价挂钩，令公司政策制定不再漠视股价表现，但同时也出现了内部人通过“信息操纵”“制造题材”来为交易谋利的行为。尽管监管机构借鉴成熟股市经验，制定了包括禁止内部人利用重大未公开信息进行交易、“敏感期交易”和“短线交易”等一系列法律法规，但是对于内部人通过推迟信息披露规避相关法规制约的行为仍难以有效控制。而此时，声誉机制等非正式契约应该发挥作用，当外部投资者观察到内部人不合理地利用信息优势在证券市场大幅减持公司股票时，外部投资者将不再信任内部人，通过不与其交易、压低股价的方式给予惩罚。因此有着长远眼光的管理当局会避免有损声誉的减持行为。

创业板上市公司向日葵（股票代码 300111）的董事总经理丁国军和董事财务总监潘卫标在公司 2012 年中期业绩大幅下滑前减持公司股份，从而规避损失，而大股东和实际控制人吴建龙在公司业绩下滑大背景下累积抛售价值超过 10 亿元的公司股份，其间公司不断发布进入上海自贸区、进军机器人产业、投资及出售海外光伏电站的利好消息，而公司股价亦不断走低。这使得本章反思，公司的重要高管和实际控制人不顾声誉通过信息操纵行为而大幅减持公司股票的原因何在。

本章通过对向日葵案例的解析，发现公司所处的财务困境是内部人不顾及自身声誉抛售公司股票的重要原因，而创业板禁止增发和借壳的有关规定也使得内部人难以在维持声誉的情况下摆脱财务困境。

本章的主要贡献体现在：①以往对声誉机制有效性的研究并未区分财务困境与非财务困境公司，本章提供了一个财务困境公司的管理当局牺牲声誉的典型案例；②本章通过解构制度环境对财务困境公司融资决策的影响，分析了制度因素和财务因素对公司内部人交易的影响。

7.1.2 案例介绍

浙江向日葵光能科技股份有限公司（以下简称“向日葵”）是一家专注于光伏能源产品研发制造的国家级高新技术企业，主要致力于研发、生产、销售大规格高效晶体硅太阳能电池。公司熟练掌握了光伏电池片生产的全部关键技术，研发能力较强。在上市前，公司的成长性明显，2008 年公司获得了“绍兴市成长型工业企业 20 强”等荣誉。根据中国可再生能源学会光电专业委员会排名，2008 年公司晶体硅电池产量已进入国内前 10 名，是国内光伏行业中成长性最明显的企业之一。随着欧盟国家在金融危机后取消光伏发电补贴以及各地大上光伏项目，整个光伏行业产能过剩的危机爆发。公司于 2010 年 8 月登陆创业板。上市当年，向日葵实现净利润 2.5 亿元，2011 年暴跌至 3 484 万元，2012 年则巨亏 3.57 亿元。伴随业绩下滑的是公司管理层和实际控制人在限售股解禁后大幅减持公司股票的行为。

7.1.2.1 高管违规减持规避风险

向日葵 2012 年 7 月 11 日发布公告称，因拟披露 2012 年半年报业绩预告，为防止股票交易价格产生较大波动，于 7 月

11 日开市起停牌。三天后，向日葵公布了业绩预期的修正公告，将净利润指标从此前预计的“比上年同期下降 50%以上”调至“亏损 1.6 亿至 1.7 亿元”。向日葵将其原因归为光伏行业低迷、产品销售价格大幅下降，欧元汇率大跌、应收账款产生巨额汇兑损失等等。

在此前的 2012 年 6 月 29 日，向日葵高管的股票解禁，公司四名高管于 6 月 29 日至 7 月 2 日，“先知先觉”地大量抛售自家股，合计套现过千万元。其中董事总经理丁国军减持 80 万股，另外三名副总经理陈海涛、潘卫标、杨旺翔分别减持 50 万股、12.5 万股、21.25 万股。

根据深交所相关规定，上市公司高管在业绩预告、业绩快报公告前 10 日内不得买卖本公司股票。而上述管理者最迟交易日期为 7 月 2 日，如果在 7 月 11 日公布业绩预亏公告，则会触发敏感期交易的规定，因此公司停牌两日，避免管理者违规。（一般来说，上市公司业绩预告并不会导致停牌。）

向日葵高管对信息披露时点进行操纵的行为激起了投资者对公司管理者内幕交易的质疑，也引发了中国证监会的立案调查。2013 年 4 月，证监会对上述事项立案调查。2013 年 12 月，证监会做出行政处罚决定，认定丁国军、潘卫标在向日葵 2012 年上半年净利润预计重大亏损的内幕信息公开前大量减持该股，构成内幕交易，对二人分别没收违法所得 89 万元、12 万元，并处同等金额罚款。

7.1.2.2 实际控制人借助利好消息减持

向日葵上市后，高管减持事件不仅于此。2011 年，副总周晓兵、副总董方、董事胡放鸣陆续离职，三人分别持有 320 万股、200 万股和 330 万股。

而进入 2012 年以后，高管进行了蹊跷的“大换血”。11 名高管因 2012 年 5 月 31 日换届而离任；董事长吴建龙则于 2013

年2月辞去向日葵一切职务。

《中华人民共和国公司法》第142条规定，上市公司董事、监事、高级管理人员离职后半年内，不得转让其所持有的本公司股份。可见，在2012年下半年，向日葵原持有股份的高管不再受上述规定限制，可自由减持。

由于公司实际控制人吴建龙名义上不再是公司高管，因此其以大股东身份开创了中国证券史上最大规模的大股东在二级市场减持的先例。

进入2013年，国内光伏行业开始触底反弹。一季度，向日葵扭亏为盈，实现利润1 061万元，二季度实现利润1 876万元。与之相对应，公司股价开始缓慢抬升，到上半年的最后一个交易日6月28日，向日葵报收9.19元。其间，向日葵陆续公布了一些利好措施，如4月24日，公告拟在罗马尼亚投资25MW太阳能电站项目；6月5日，公告与日本企业再生能源与资源公司签订1.71亿元金额的重大合同，等等。但相对而言，公司股价上涨并未引起市场太多关注。令人吃惊的是，7月2日，业绩刚刚好转的向日葵突然公布2013年中期利润分配预案——每10股转增12股。而此前两年，向日葵从未进行过任何转增行为。在此利好公布前，向日葵已经连续6个交易日上涨，利好泄露迹象颇为明显。或许为了摆脱干系，在此公告中，向日葵特意表示，在该预案披露前，公司严格控制内幕信息知情人的范围，并对相关内幕信息知情人履行了保密和严禁内幕交易的告知义务。9月3日，向日葵公告，拟投资5亿元设立上海外高桥向日葵物流贸易有限公司。但此后，该公司定名为向日光科国际贸易（上海）有限公司，并没有“外高桥”字样。此时，正是国务院正式批准设立上海自贸区、自贸区概念风生水起的时候，自贸区龙头股外高桥（股票代码600648）开始连续涨停。向日葵在外高桥设立公司，在当时的环境下，无疑是一大利好。当天，向日葵高开，创出 14.7 元的历史最高价，当天报收 14 元。此时，相比 2012 年年底的最低价，向日葵股价已经暴涨 150%。

9 月 4 日为向日葵除权除息日，公司股价报收 5.99 元。令许多投资者没有想到的是，就在向日葵股价连创新高之际，一场史上最大减持潮已经悄然来临。

2013 年 9 月 5 日、10 日、13 日、23 日、26 日 5 个交易日，吴建龙及其全资控制的香港优创国际投资集团有限公司，每次减持公司股份 5 599 万股，合共减持 2.8 亿股，占公司总股本比例高达 25%，而以减持均价 4.5 元而言，吴建龙减持套现金额高达 12.6 亿元。在 A 股 355 家创业板上市公司中，吴建龙成为无可争议的套现第一人。

吴建龙的减持步伐并未就此停息，2014 年向日葵发布公告称，公司于 7 月 1 日接到公司控股股东、实际控制人吴建龙的《股份减持计划告知函》，吴建龙计划 2014 年 7 月 4 日—2015 年 1 月 3 日六个月内，因个人投资理财和向日葵公司发展资金需要，拟减持不超过 1 亿股公司股份，即不超过总股份的 8.93%。减持方式为集中竞价或者大宗交易。吴建龙此时直接持有公司股份 27 683.3 万股，占公司目前总股本的 24.72%；通过浙江盈凖投资股份有限公司间接持有公司股份 699.21 万股，占公司总股本的 0.62%。此次减持后，吴建龙将仅持有公司股份 16%，连相对控股都难保持，与上市之初的 64%绝对控股比较，可以看出实际控制人的减持决心。

7.1.3 内部人交易中的隐性契约及其执行机制

内部人拥有两类信息优势："①提前知晓影响股价波动的重大事件（内幕信息优势），这类信息优势随着公告披露而消失，通常是短时效的；②拥有对公司内在价值和业绩前景的更准确判断。第二类信息优势不依赖特定事件公告，通常是长时效的。

对第一类信息优势的利用为各国所禁止，而对第二类信息优势的利用则是合法的。”（朱茶芬，等，2011）

控股股东利用第一类信息，即内幕信息进行交易所获得的控制权收益，会损害市场的公平原则，有损中小股东利益。内部人在交易过程中对信息披露的操纵也会带来代理成本，内部人可能通过改变信息披露的时间、频率、范围以及盈利预测的准确度和精度来操纵信息，为交易获利（Cheng Qiang，等，2013；吴育辉，吴世农，2010；蔡宁，魏明海，2009）。内部人利用第一类信息进行交易，甚至操纵信息披露的行为会带来代理成本，损害公司价值。而内部人利用第二类信息进行交易时，会通过“衍生交易机制”将股价调整至合理水平，提高定价效率，则不会带来代理成本。

内部人的信息优势挑战了市场的公平交易理念，但是内部人交易对公司高管具有激励作用，而大股东的知情交易权的取得是有代价的，成为大股东需要付出更多的控制成本和监督成本，而且大股东持股高度集中，不能像中小股东一样采用分散化交易的方式来分散风险。在对“掏空”等侵害中小股东利益的行为日益控制的今天，知情交易权成为大股东的一项重要的控制权收益。内部人交易能产生一种“衍生知情交易机制”，通过该机制，内部人交易把公司股票价格逐步调整到合理水平，避免信息一旦公布引起股价的大起大落，从而提高市场运行效率。因此，尽管内部人交易会带来一系列问题，但是完全禁止内部人交易尤其是大股东交易是不可行的，这会退回到股权分置的状态。各国监管机构的做法是禁止内部人利用第一类消息交易，而允许内部人对第二类信息的利用。问题的关键是两类信息的区分存在难度。在实践中，监管机构通过禁止敏感期交易和短线交易的方式为参与各方建立标准，这是一种正式契约。而正式契约依赖于事前签订一系列事后可以证实的条款，由第三方强制执行。回到案例中，对于四名高管通过推迟业绩预告的方式来规避监管，证监会只找到其中两名高管知晓业绩预亏信息的证据，另外两名高管则逃过了正式契约的惩罚机制。对于公司发布利好消息刺激股价上涨，从而让大股东在限售股解禁后卖个好价钱，在正式契约中无法加以限制。而公司推出的“10送12”的分配方案，信息泄露的迹象明显，存在利益输送现象，但也无证据追究内幕交易。

由此可见，在内部人交易中，当正式契约的执行成本过高时，作为非正式契约的声誉对正式契约应具有替代作用。内部人利用信息优势的抛售行为无疑损害了公司和管理当局的声誉。由图 7-1 可见，该公司在高管和大股东抛售后的超额累计收益率长期显著为负，而且此后无论该公司推出什么利好消息，均难以刺激股价上涨。该公司股价长期低迷，复权后至今仍低于发行价 50%，公司内部人的大幅减持行为无疑重创了投资者的信心，使公司及管理团队的声誉严重受损。究竟是什么因素促使高管团队放弃职业生涯的声誉，使实际控制人吴建龙忽视公司壳资源的价值，而急于脱手公司股票呢？对公司财务困境的分析有助于解答这一问题。

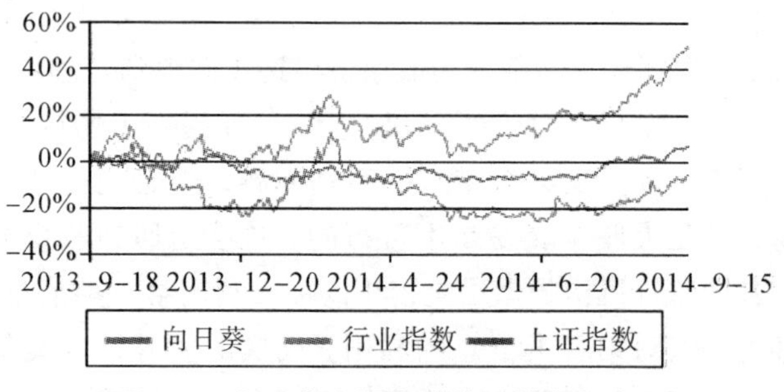

图 7-1　向日葵大股东减持后的市场表现

7.1.4 财务困境对隐性契约执行机制的影响

从表 7-1 公司的 Z 值预警模型中可以看出，公司财务状况自 2012 年后就进入了警戒线 2 以内，这是一个随时可能破产清算的比值，公司进入财务危机的时点恰好和内部人抛售的时点相吻合。

表 7-1　　向日葵财务困境 Z 值预警模型表

报告期	2014 三季报	2013 年报	2012 年报
Z 值分数	1.719 5	1.791 0	0.828 5
Z 值-同比增减	-0.048 1	0.962 4	-1.776 5
因素分解：			
X_1　营运资本/总资产（%）	-2.206 5	-7.603 8	-11.599 1
X_2　留存收益/总资产（%）	-6.802 8	-5.753 9	-6.780 9
X_3　息税前利润/总资产（%）	1.102 4	4.628 9	-8.166 4
X_4　股东权益合计/负债总计（%）	237.082 6	236.611 8	154.819 7
X_5　营业收入/总资产（%）	38.271 4	39.073 6	40.363 2
Z 值结果描述	堪忧	堪忧	堪忧

注：$Z=1.2X_1+1.4X_2+3.3X_3+0.6X_4+0.999X_5$，当 Z 值 <1.81，表示公司目前财务状况堪忧；当 $1.81 \leq Z$ 值 ≤ 2.675，表示公司目前财务状况不稳定；当 Z 值 >2.675，表示公司目前财务状况良好。

通过研究向日葵的财务报表，可以发现该公司面临较强的负债偿还压力。从公司的资产负债来看，公司的资产负债率从上市后不断上升，一直到 2014 年三季报的 63%。从公司资产和负债的构成来看，公司的短期借款在 2011 年飙升到 11 亿元，而公司的资产则主要由变现能力较差的存货和固定资产构成，如无2012年中期的非公开发行3亿元的债券，将短期借款转为长期负债，公司在2012年即面临破产清算的尴尬局面。即使成功发行了3亿元的公司债，公司11亿元短期借款带来的财务危机仍未得到完全缓解，身处其中的管理者无疑意识到其中的危机，因此在2012年管理层限售股一解禁就迫不及待地减持公司股份。而公司实际控制人的举措则耐人寻味，实际控制人在市场套现12亿元之后，立即与公司签订了借款合同，吴建龙通过借给公司3亿元的现金，缓解了公司的财务危机，从中也可看出公司的财务危机已迫在眉睫。

在我国证券市场中，由于发行审批制，壳资源具有很高的价值，而向日葵的实际控制人和管理当局似乎对这个壳资源并无太大兴趣，他们走上了一条与其他上市公司完全不一样的路径。

2014年6月9日拟IPO公司优创材料发布预披露材料，公司拟在创业板上市，公开发行不超过3 320万股，转让老股不超过1 071万股，募集资金2.96亿元投向年产6 300吨有机中间体等先进新材料建设项目及补充流动资金。项目建设完成全面达产后，公司将新增有机中间体产量6 300吨，公司总产能将达到12 000吨。引人关注的是，公司清晰的股权结构图曝光了其与创业板上市公司向日葵的同门关系。资料显示，优创材料的实际控制人、控股股东正是向日葵掌门吴建龙。吴建龙以43.08%的股权控股优创材料，同时持有向日葵24.72%的股份，是该公司实际控制人、控股股东。未来随着优创材料登陆资本市场，吴建龙将分别在光伏业和新材料行业拥有两大上市平台。与此同时，向日葵旧部也扎堆现身优创材料招股说明书。优创材料四位非独立董事除了吴建龙，另外三位为冯秋生、吴君华、周其林。此外，公司共有五名监事，平伟江、吴才苗、郦伟国位列其中。上述优创材料高管，向日葵的股东并不陌生。2012年5月31日，向日葵董事会换届，原董事吴建新、郦伟国、韩松良一起离职。同日，向日葵监事会换届，原监事周其林、冯秋生、平伟江、黄伟江、吴才苗、陈国其、吴君华七人一起离职。正是在2012年12月10日，优创材料召开创立大会暨第一次股东大会，这些向日葵离职高管经吴建龙提名，变为优创材料高管。

向日葵公司陷入财务困境，其控制人和管理当局的举措似乎不难理解，通过减持股份从向日葵这个深陷财务泥潭的公司脱身，推动另一家公司优创材料继续资本运作。但是没有更好的路径选择吗？2013年年初A股市场暂停了新股上市，导致大批企业排队上市，成为IPO市场的“堰塞湖”，一大批拟上市公司要么被上市公司收购，要么借壳上市。公司发行上市需要高昂的发行成本，而且面临核准过程中被否决的风险，还要经过漫长的等待。向日葵通过定向增发的方式收购优创材料，既可以将管理当局控制的另一家公司资产早日上市，又可以通过定向增发吸收的资金缓解公司的债务压力。较之大幅减持公司股份后再借款给公司，更有利于维护管理当局的声誉，而且因为收购题材可以刺激股价的上涨，使实际控制人和中小股东均从中受益。那么为什么向日葵的高管和实际控制人选择了另外一条路径？对创业板再融资制度和借壳上市制度的分析有助于回答这一问题。

7.1.5 制度环境与隐性契约失灵

在成熟股市，上市公司通过增发股票方式调整资本结构是一种常见的做法，但在我国，增发股票一定要有相应的投资项目，为调整资本结构发行新股的方式是不允许的，这就带来一个问题，像向日葵这样陷入财务困境的公司无法通过增发股票摆脱财务困境。另外，在向日葵公司陷入财务困境的2012年，《创业板上市公司证券发行管理暂行办法》尚未出台，使得公司不可能通过发行股票来调整资本结构或者收购资产。即使在

2014年5月14日发布的《创业板上市公司证券发行管理暂行办法》也明确规定，资产负债率高于45%的公司不能公开发行股票，而非公开发行股票引进的投资者不能超过5个人（证监会对该条款的解释是综合考虑投融资功能均衡协调、防范过度融资以及现有创业板上市公司特点）。因此在现行制度下，向日葵无法通过增发股票摆脱财务困境或者收购管理团队的另一项资产。

基于壳资源的稀缺性，向日葵公司是否可以通过卖壳的方式引入其他有实力的投资者，通过更换控制人的方式摆脱财务困境呢？答案同样是否定的。2013年11月30日，证监会发布《关于在借壳上市审核中严格执行首次公开发行股票上市标准的通知》（以下简称《通知》），此次《通知》与过去关于借壳规定最大的不同在于言辞明确地规定借壳上市标准由2011年《上市公司重大资产重组管理办法》发布时提出的"趋同"，提升到"等同"首次公开发行股票上市标准（IPO）。同时，《通知》还强调不允许在创业板借壳上市。

依据现行制度，向日葵公司根本没有办法摆脱财务困境，于是先知先觉的管理团队宁愿辞职也要套现，而留守于公司的总经理和财务总监则受到了证监会的处罚。而实际控制人吴建龙的举措也能理解，通过推高公司股价，大幅减持套现后，借给公司3亿元来摆脱财务危机。对比同行业上市公司超日太阳（股票代码002506）由于公司债券到期无法偿付进入破产重组程序，这是一个更优的选择，似乎对投资者的伤害更小。

结合内部人创立的另一家公司优创材料走上了拟上市IPO的道路，内部人的套现行为无疑对其自身是最优选择，套现出来的资金可以支持另一家企业发展上市，即使上市不成功，实际控制人仍持有公司24%的股权，并未失去相对控制权，而且可以利用部分套现的资金借款给向日葵使其不至于走上破产的道路。

与超日太阳相比，向日葵公司内部人的套现行为似乎对长期持股的中小股东的伤害更小，但是这个过程真的对全部中小投资者无害吗？根据相关规定，内部人减持公司股份超过1%的，必须通过大宗交易市场，这就需要找到愿意接手的买家，谁愿意接手如此大规模的股票呢？我们从吴建龙减持公司股票的2013年9月5日、10日、13日、23日、26日5个交易日的公开信息中发现，接盘吴建龙股票的营业部均为国泰君安上海打浦路营业部，而这个营业部是被称为“私募一哥”的徐翔旗下泽熙的大本营。而早在向日葵2013年半年报显示，由徐翔执掌的龙信基金通1号集合资金信托以324.79万股成为向日葵第五大流通股东。不难看出，由上市公司将大比例送股等利好消息泄露给私募基金，作为回报，私募基金接手大股东的股票成为一个隐形的利益链。在对内幕交易的查处中，寻找信息泄露的证据十分困难，使得内部人能成功利用这一模式减持。利益受损的无疑是依据利好消息买入股票的中小投资者，在吴建龙开始减持后，向日葵股价暴跌30%。

从整个资本市场的健康发展来看，如果向日葵成为一种模式，那么进入财务困境的企业，其实际控制人通过发布利好消息，推高股价，套现离场，然后利用套现的资金发展另一个企业，推动其上市进入下一轮资本循环，那么资本市场的诚信机制将荡然无存。

7.1.6 小结

第一，由于内部人交易是否利用重大未公开信息的结果难以证实，使得证监会和法院等第三方寻求证据保障正式契约的执行存在难度，此时声誉等非正式契约应具有对正式契约的替代作用，但是声誉的有效性是有条件的，当条件难以满足时，内部人交易容易成为管理当局和大股东侵害中小股东利益的手段。

第二，对于陷入财务困境的企业，企业管理当局更注重如何摆脱财务困境，这增大了不择手段的机会主义行为的发生概率，在这个过程中，声誉机制难以发挥有效的制衡作用。

第三，声誉机制的有效性依赖于一个充分市场化的制度环境，在股票发行行政审批的制度背景下，期待声誉机制制约参与方的机会主义行为，无异于缘木求鱼。

7.2 基于大股东资本市场行为的融资契约设计

7.2.1 研究背景

早期的资本结构理论基于静态的最优资本结构理论认为，公司一旦确立最优资本结构，就不会轻易改变。近年来的研究发现，公司最优资本结构随公司资产价值、风险、利率和破产成本的变化而变化，因此最优资本结构是动态变化的。由于公司投资机会的变化会相应地改变公司资产价值和风险，作为一组成长期权的集合，公司应在其生命周期内不断调整债务和股权比例，权衡负债的杠杆效应和破产成本、代理成本，寻找最优的资本结构来执行成长期权。

学术界普遍关注到债权人和股东之间的利益冲突对公司动态投融资行为所产生的影响。由于债权人的优先受偿权，已有债务对公司投资形成两个负面效应：一是债务高悬效应，债务负担导致利益大部分流向债权人，使得公司投资政策的决策者股东不愿意增加新的投资，形成投资不足；二是风险转移效应，当公司的负债过于沉重时，股东可能以债权人利益为代价，投资于风险高于原债务契约的项目，形成过度投资。进一步的研究试图通过最优债务融资契约的设计避免债务高悬和风险转移效应。DeMarzo 和 Fishman（2007）的分析性研究表明，在长期债、外部股权融资和授信额度的组合融资下，利用授信额度逐步提供债务融资弥补经营亏损，通过违约接管可以避免股东的利己行为。

公司内部股东与公司外部股东之间的利益冲突也会对公司动态投融资行为产生影响。为公司项目提供资金的不仅有债权人，还有外部股东。如果公司具有外部股权融资能力，公司在现金流不足时可通过股权融资避免违约。Sundaresan（2015）的研究表明，如果管理者能预计到投资项目的成长期权价值，他们会最优化投融资决策来避免债务高悬和风险转移效应；具有更多成长期权的公司会维持一个更低的债务水平，这与 Smith 和 Watts（1992），以及 Rajan 和 Zingales（1995）的实证研究结果一致。但是股权融资可能带来逆向选择效应，由于信息不对称，外部投资者会将公司发行股票融资视为坏消息，给予一个折价，这会导致公司放弃发行股票，哪怕项目的净现值大于0。

上述研究表明，最优的融资契约设计（最优融资工具的组合）可以避免债务融资的负面效应，这为本章的研究提供了很好的理论支持，但是上述研究没有关注到控制性股东的交易策略对公司动态投融资行为可能产生的影响。在英美国家之外，普遍存在控股股东治理模式，相对于传统的管理者—投资者的第一类代理问题，控股股东与外部投资者之间的第二类代理冲突问题更为严重。上述文献主要关注股东—债权人利益冲突对动态投融资行为的影响，本章更关注控制性股东与债权人、中小股东的利益冲突，这在控股股东治理模式下更具有现实性。作为公司财务政策事实上的决策者，控制性股东与外部资金提供方——外部投资者（债权人和中小股东）之间存在信息不对称。相对于中小股东，控制性股东的股权存在不可分散的风险，这使得他们有动力在债务违约前卖出股份，获得实际上优于债权人和其他中小股东的优先清偿权。与 Sundaresan（2015）的研究不同的是，本章并不假定控制性股东能够在初始预计到公司的成长期权价值，从而合理地签订融资契约避免违约，实际上公司的投资机会变化更多的是外生的，难以为公司控制性股东或者管理者预计。如果控制性股东并不能在初始状态预计公司的成长期权价值，那么初始的融资契约就应该能提供资本结构的动态调整空间，例如授信额度这种比长期债更灵活的债务融资工具。在信息不对称的情况下，控制性股东在项目的进程中比外部投资者了解更多的信息，在经营不利时他们可能提前卖出股票规避损失。控制性股东卖出股票后，债权人对控制性股东的接管威胁压力下降，债务高悬效应或者风险转移效应仍可能发生。预知控股股东的交易策略，在公司外部投资机会下降时，银行等债权人可能不会提供授信额度，或者对债权要求一个很高的回报率。这样，最优的债务融资契约难以签订。而对外部股东，控制性股东的交易策略同样可能影响他们未来是否提供资金，当控制性股东的信息优势太过明显时，他们会压低股价（Bhattacharya，2002），或不支持未来的股权融资方案。这样，在外部股东与控制性股东之间，控制性股东的交易策略会形成一种基于声誉的隐性契约，即控制性股东不能通过策略性信息披露的方式交易，例如隐瞒坏消息卖出公司股票。可见，控制性股东的交易策略既会影响与外部债权人的显性债务融资契约，又会影响与外部股东的隐性股权融资契约。

对于控制性股东来说，由于外部投资机会是不确定的，其最优选择是通过最优融资契约实现动态投融资：当公司未来的投资机会向好时，能实现股份价值增值；当未来投资机会转差时，能在违约前卖出股份优先清偿。控制性股东的提前清偿会降低债权人的接管威胁，同时也会降低他们与债权人谈判的动力，这会令外部投资者避免在投资机会转差时与控制性股东达成最优融资契约。因此，控制性股东自我限制股份交易是与外部投资者达成最优融资契约的前提，但这无疑加大了其股权不能分散化投资的风险。这样，最优融资契约与违约前提前清偿构成了两难选择。在这样的两难选择下，本章试图考察这样几个问题：控制性股东如何设计交易策略，从而与债权人和外部股东达成最优融资契约；在最优融资契约下，上市公司如何动态地调整资本结构来满足投资需求；给定其他因素相同，在非最优融资契约下，债务高悬效应和资产替代风险如何产生。

上述几个问题的研究难以实证化，有两个原因：第一，对于动态投融资行为，需要分析多期间的控制性股东交易策略和融资契约特征，对于跨期间的影响，难以通过实证设计变量的方式进行检验；第二，对于控制性股东交易策略如何影响融资契约特征，融资契约特征如何影响资本结构动态调整，资本结构动态调整如何影响投资效率，存在较多的内生性问题，在大样本的实证设计中，难以解决相关内生性问题。为此，本章采用了案例研究的方式来解决上述两个命题，以同一背景下的光伏行业三家公司（东方日升、向日葵和超日太阳）为研究对象。这三家公司主营业务相同，同时上市，同时面临行业危机，同时扩大债务融资解决流动性问题，因为控制性股东交易策略不同，形成了不同的债务融资契约和声誉，从而导致了截然不同的困境反转状况。本章的研究剔除了跨期间因素和内生性因素的影响，最终形成了有说服力的结论。

我国近年来光伏行业的发展状况为本章的研究命题提供了一个天然实验。受 2008 年金融危机的负面影响，光伏行业面临欧盟取消补贴、行业产能过剩的局面，外部需求的急剧下滑使得 2010 年上市的三家光伏企业 2011—2012 年陷入了流动性危机。在危机下，三家公司的实际控制人采用了不同的交易策略，而上市公司也采用了不同的债务融资方式解决流动性问题：东方日升的实际控制人质押所持股权为上市公司提供担保，获得了15亿元的中国进出口银行授信额度；向日葵的实际控制人质押所持全部股权为自己发展其他公司服务，公司同时发行了五年期3亿元的私募债券；超日太阳实际控制人也质押了所持全部股权，公司同时发行了10亿元五年期的公募债券。控制性股东的交易策略对动态投融资和绩效产生了不同影响：由于以自身股权作为公司债务融资的担保，东方日升可以逐步地利用授信额度解决流动性问题，而不用一次性债务融资背上较大的利息和本金负担，同时其交易策略亦形成了良好的声誉，在2013—2014年光伏行业投资机会转好后，成功实现了股权再融资来扩大投资，公司经营规模恢复到危机前水平，经营绩效大幅改善；而向日葵公司则因较高的一次性债券融资背上了沉重的还本付息包袱，公司在行业好转的2013—2014年投资不足，经营规模停留在危机前的一半水平，绩效始终微利，体现了债务高悬效应，其实际控制人在2013年间发布一系列利好消息后减持公司股票，形成了极为负面的声誉，公司股价长期低迷，一直未实现股权再融资；超日太阳在发行10亿元债券后，由于债务负担过重，公司反而在2012年行业危机期大量对外投资，加大了债券持有人风险，体现了风险转移效应，最终该公司未能等到行业反转，即在2013年陷入债务违约，2014年进入破产重整，其实际控制人最终失去了公司的控制权。本章的研究表明，实际控制人的交易策略会影响债务融资显性契约的签订和股权融资隐性契约的执行，并最终影响到公司的动态投融资。因此，尽管控制性股东具有交易自身股票的信息优势，但是在困境时期只有兼顾各方利益的交易策略才能实现公司的困境反转。

本章的研究贡献体现在：第一，本章引入了控制性股东的交易策略，研究了控制性股东交易策略如何影响公司的动态投融资，扩展了对动态资本结构领域的研究；第二，本章扩展了 DeMarzo 和 Fishman（2007）的研究，基于案例实践，提出了一个基于控制性股东交易策略的动态投融资模型，在初始的长期债与股权融资基础上，控制性股东质押股权为公司获得银行授信额度，动态使用授信额度和股权再融资来弥补经营亏损和扩大投资规模，在该模型下，控制性股东不会转移资金，债务高悬和风险转移效应不会发生；第三，本章研究了控制性股东在交易策略中形成的声誉对股权再融资的影响，拓宽了内部人交易经济后果的研究领域。

7.2.2 理论分析

7.2.2.1 债务融资契约对动态投融资的影响

以 MM 理论开创的传统资本结构理论（Modigliani & Miller，1958；Merton，1974），基于两个基本假定：①公司行为不受资本结构的影响；②公司一旦确立最优资本结构后，就不会改变它。从上述两个假定来看，传统资本结构理论是静态的，MM 理论认为最优资本结构取决于税盾效应和破产成本间的权衡。

其后的研究首先对第一个假定提出了挑战，负债对公司行为可能产生两个负面效应：一是债务高悬（Debts Overhang）效应，Myers（1977）认为过高的负债会使得大部分的经营成果流入债权人，债务人没有动力去投资，而可能选择策略性违约的方式，他们会通过各种手段转移资产，从而留给债权人一个空壳；二是资产替代（Asset Substitution，风险转移）效应，Harris 和 Raviv（1991）的研究表明，在负债率较高时，债务人可能投资于风险高于债务契约的投资项目，从而将利益从债权人转移至股东。

Leland（1994）的分析性研究表明，关于公司最优资本结构的静态假定也是不成立的，公司的最优资本结构会随公司资产价值、风险、利率和破产成本的变化而变化。公司应该策略性地发行债务来动态调整资本结构。Ju 等（2006）的研究表明，公司定期发行债务能够有效削弱公司股东风险转移的动机。

上述研究表明，债权人与股东的利益冲突使得资本结构对公司投资行为产生影响，而外部冲击、企业经营环境的变化会改变企业的最优资本结构。理想的状态是公司适应外部冲击，协调股东和债权人利益，动态调整资本结构，达到最优投资水平，从而使得债权人与债务人实现帕累托改进。但是债权的本质是一种优先清偿权，债权人只关心公司经营的最差状态。在不确定性下，当公司经营状态向好时，资本结构的动态调整容易实现；但在公司经营状态转差、风险加大时，资本结构的动态调整难以实现。由于资产替代效应和债务高悬效应的存在，债权人会在经营状态较差时要求一个较高的回报率，或者在债务人出现流动性危机时不提供流动性以及债务减记（提供流动性和债务减记有利于企业困境反转，偿还债务），这使得企业在经营状态较差时直接陷入违约和破产困境，而不能动态地调整资本结构。预知债权人反应的股东能通过调整债务契约特征缓和这个潜在冲突，例如债务的期限结构（肖作平，廖理，2007）、债务契约对资产最低价值的保护条款等（DeMarzo & Fishman，2007）。短期债务能在外部履约机制不强时起到减少信息不对称程度、传递公司成长机会信号、监督管理者、减少债权人受债务人的掠夺程度、阻止投资不足和投资过度问题等。可见，资本结构的动态调整依赖于已有的债务契约特征，某些债务契约特征能减缓债权人与股东的利益冲突，避免公司债务违约或者不必要的破产清算，进而在经营状态较差时能实现资本结构的动态调整。

7.2.2.2 控股股东治理模式下最优融资契约的特征

①不确定状态下的最优融资契约特征。

DeMarzo 和 Fishman（2007）假定代理人（公司）从外部债权人和股东融资满足初始投资、运营成本和消费，代理人能够在投资者（委托人）不知情时从项目中转移资金用于私人消费，但是当委托人不能得到偿付时，委托人未来将不提供资金或者终止已有投资项目。他们运用代理模型提出了多期间动态投资下的最优融资契约：在项目存续期间，通过授信额度动态债务融资来弥补运营亏损。因为债务违约将导致代理人失去投资项目，所以代理人有动力偿还利息而不是用于个人消费。这一最优融资契约在管理者持有足够多的股份时能有效执行，因为这样他只能通过股利的方式满足个人消费，而不能通过其他方式侵犯投资者利益，否则他的股份将遭受更大损失。Sundaresan（2015）进一步分析了在给定融资工具时，如果代理人能够预计未来的投资项目的期权价值，他们会最优化初始资本结构和投资决策，避免产生债务高悬或者风险转移效应。

上述研究表明，初始融资工具由长期债和内外部股东的股权融资满足，再融资工具由授信额度满足，如果初始资本结构合理，这样的融资契约可以达到最优化，即避免债务高悬和风险转移。但是在不确定环境下，代理人对项目期权价值的初始预计可能出现偏差，这样代理人对初始资本结构的安排可能是不合理的（例如负债比率过高），如果仅仅由授信额度提供后续的融资，企业会偏离最优资本结构，债务高悬或者风险转移仍然存在。因此再融资工具应由授信额度和股权再融资组成，避免负债过高带来的代理成本和破产成本。这一最优融资契约的保障机制是债权人的接管机制和外部投资者未来不提供资金的威胁机制：如果债务违约，债权人接管企业，优先清偿，而内部股东和外部股东则按持股比例滞后清偿；如果内部股东转移利益给自己，公司未来的项目将不能获得再融资，内部股东的持股足够大，这样他们的利益受损也更大。

②控制性股东交易策略对融资契约的影响。

在英美国家之外普遍存在控制性股东的治理模式，而非伯利-米恩斯式的强管理者-弱投资者模式，控制性股东往往能控制管理者和公司的财务决策，而不直接出任管理者，使得类似于管理者任期内限制出售股票的制度安排难以实现。控股股东不能像中小股东一样通过分散投资的方式控制风险，他们更有动力在经营状态不佳时抛售股票以弥补这种风险。控制性股东具有两种收益：一种是现金流权收益，一种是控制权收益。对于控制性股东来说，理想状态是：在经营状态向好时，通过动态投融资实现现金流权收益最大化，此时控制权收益的获取会使得他们的声誉受损，现金流权收益的受损大于控制权收益；在经营状态转差时，抛售股票，获取控制权收益，因为此时现金流权带来的收益低于控制权收益。

外部投资者的理性预期会使得控制性股东的理想状态难以实现。虽然控制性股东可以利用信息不对称与外部投资者交易股票，但是外部投资者可以通过控制性股东的交易策略来推知债务违约的可能性，他们会预期未来的威胁机制可能失效。在经营状态不佳时，控制性股东能够提前知道项目的违约概率，他们可能抛售股票避免损失，由于其后持股利益减少，接管威胁压力下降，他们有动力获取控制权收益（转移资产至自己手中），这可能加剧其与债权人和外部股东之间的利益冲突。在中国债权人法律保护较弱的背景下，控制性股东存在强烈的资产替代或投资不足的激励以侵害债权人利益，控制性股东和债权人之间存在严重的代理冲突问题（江伟，沈艺峰，2005；童盼，陆正飞，2005；肖作平，廖理，2007）。预计到债务人的代理成本，债权人可能会对债权要求较高的利率，或者在观察到经营状态可能恶化时停止授信。为公司提供资金的不仅有债权人，还有其他外部股东。在公司具备股权融资能力时，公司并不会因为债务到期而出现违约。外部股权融资是避免债务刚性兑付导致违约的重要融资方式，是公司最优资本结构的组成部分。预计到债务融资导致的债务高悬或风险转移，具有较好的投资项目成长期权的公司会避免发行较高的债务（Sundaresan，2015），那么外部股权融资就成为一种资本结构的动态调整方式；同样，新项目相对于已有项目的成长机会越好，外部股权融资越被市场看作好消息（Wu Xueping，2005）。但是，在信息不对称的情况下，外部股权融资可能会产生逆向选择。Myers 和 Majluf（1984）的研究表明，由于内部股东和外部股东存在信息不对称，外部股东无法判断公司投资项目盈利前景，只能给予所有公司的未来投资项目一个平均折价，因此当公司面临融资约束时，由于股票发行可能造成股价低估，内部股东可能放弃一个净现值大于 0 的项目，即逆向选择效用。公司控制性股东的交易策略是外部投资者区分好公司与坏公司的一种方式，这可以降低逆向选择效应。如果控制性股东的交易策略表明控制性股东与公司利益更为一致（例如增持），那么股票发行的坏消息效应会降低；如果控制性股东的交易策略显示与公司利益相分离（例如策略性信息披露、减持），外部股东将压低股价以弥补信息不对称风险，并将股票发行看作坏消息。由控制性股东交易策略形成的声誉机制，实际上是一种难以用显性契约方式体现的隐性契约。因此股权再融资是否有助于资本结构动态优化调整，很大程度上受控制性股东交易策略的影响，即控制性股东是否遵循与中小股东的隐性契约。这种隐性契约从两个方面发挥作用：第一，外部股东压低股价，增加公司股权融资成本；第二，对于股权再融资方案用脚投票，不支持股权再融资。相应地，能遵守隐性契约的控股股东，公司股价的估值更高，当投资机会来临时，他们提出的股权再融资方案也更容易为外部投资者认可。

由上述分析可见，控制性股东的交易策略影响了与债权人的显性债务契约和外部股东的隐性股权融资契约，在经营状态不佳时，控制性股东只有使外部投资者确信他们不会在违约前抛售股票，才可能与他们达成最优融资契约。

③基于控制性股东交易策略的最优融资契约特征。

在控制性股东与外部投资者（债权人和外部股东）的利益博弈中，控制性股东为了未来资金的可获得性和较低的资本成本，需要自我限制交易，从而使外部投资者确信他们不会在经营状态较差时抛售股票并获取控制权收益。控制性股东自我限制交易是与外部投资者达成最优融资契约的前提条件，但是这必然加剧控制性股东股权不能分散的风险，使得其控制权地位毫无意义。对于控制性股东，他们付出了比外部股东更高的控制权取得成本和维持成本（刘少波，2008），例如对管理者的监督和接管防御成本，承担了股权不能分散化投资的风险。控制性股东自我限制股份交易，会使得他们的成本溢价无法补偿，因为通过最优融资契约实现的现金流权收益必须与外部股东共享。这样控制性股东会要求相对于中小股东的优先清偿权，在自我限制交易的前提下，控制性股东的优先清偿权只能通过在违约状态时将他们股权转化为债权来实现。

在 DeMarzo 和 Fishman（2007）的最优融资契约中，授信额度是资本结构动态调整的关键（授信额度可以使得企业能支付长期债权人利息不至于违约，动态地覆盖投资项目的运营成本）。DeMarzo 和 Fishman（2007）指出，给予授信额度的提供者比其他债权人更高的优先受偿权，使其能在违约状态下有动力与债务人再谈判，能够降低再谈判成本。相比于与不同债权人的再谈判，授信额度的提供者作为单一债权人与公司的再谈判成本最低，而最优融资契约也依赖于授信额度提供者不断地提供资金，因此给予授信额度提供者优先清偿权也是最优融资契约的前提条件。

通过上述分析可见，在控制性股东治理模式下，最优融资契约中包含几个重要特征：第一，初始融资工具是长期债和股东出资，再融资工具是授信额度和外部股权再融资；第二，控制性股东自我限制交易；第三，优先清偿次序是授信额度提供者、长期债权人、控制性股东、外部股东。这一理论上的最优融资契约面临的现实问题是：控制性股东自我限制交易的承诺如何置信于债权人和外部投资者；基于同股同权的制度设计和其他投资者利益保护措施，只有债权人才具有优先受偿权，那么实践中，控制性股东如何将部分股权在破产状态下转化为债权；如何在实践中使得授信额度的提供者能获得最高层级的清偿权。

7.2.3 研究方法

7.2.3.1 案例研究

本章采用了多案例研究的方法回答上述理论与现实问题，基于以下考虑：第一，本章研究的是实际控制人交易策略影响融资契约，融资契约影响投融资效率的动态过程，通过分析比较每一个案例公司的动态投融资过程，可以验证和发展理论。第二，不论已有研究，还是本章的拓展，最优融资契约始终是一个理论设计，它在现实中是否最优，需要结合一定的情境才能体现。如果公司没有面临流动性危机，最优融资契约的最优性则无法体现。本章的研究对于情境的要求较高，而大样本量的研究面临样本不够的缺陷。第三，最优融资契约在现实中是否真的最优，直接检验融资契约特征与投融资效率之间的关系，会面临很多内生性问题。本章通过多案例的方式，将同一情境中选择不同融资契约的公司的投融资效率进行比较，可以避免内生性问题的影响。

7.2.3.2 案例选择

本章选择了在2010年上市的三家光伏行业上市公司（东方日升、向日葵和超日太阳）作为案例研究对象。本章之所以选择这三家光伏企业，是基于以下考虑：第一，光伏行业是资金密集型企业，在产业危机下，需求的大幅下滑易导致流动性危机。第二，三家公司在光伏行业具有特殊性，三家公司均在产业危机的前一年2010年上市，尽管上市集资不少，但均在2011年同时陷入流动性危机。由于同时上市，三家公司的实际控制人股权都只能在2013年交易，在2011年三家公司的实际控制人均质押了公司股票，方便考察实际控制人的交易策略。第三，三家公司在上市前的规模相似，业绩差异不大，但是东方日升实际控制人的交易策略和融资契约与另外两家公司存在本质差异，基本剔除了内生性因素的影响，方便考察实际控制人交易策略影响融资契约，以及融资契约影响投融资效率的动态过程。

7.2.3.3 数据搜集

本章搜集整理了2010—2015年上半年三家公司的所有年报和公告，包括财务数据、投融资公告和实际控制人交易公告的搜集和整理；此外，本章对于中国证监会对向日葵和超日太阳的处罚公告，以及新闻媒体的报道进行了搜集和整理。为了全方位地考虑问题，避免主观判断，本章对多种来源的数据进行了相互印证。本章所有数据均来自Wind资讯数据库。

7.2.3.4 案例描述

这三家企业的共性是均在2010年上市，经营范围基本重合，主要产品是太阳能电池及太阳能组件等。三家企业在上市前三年的业绩基本与行业发展状况一致，即在2010年上市当年达到峰值，在2011年业绩下滑，2012年大幅亏损，但是进入2013年后，三家公司的业绩表现却出现了较大的差异。其中东方日升在2013年无论销售收入还是投资规模基本恢复到危机前的销售水平，向日葵则仍离危机前的业绩有较大差距，而超日太阳则在2013年后一蹶不振，进入破产重整阶段。表7-2至表7-4为三家公司2010—2015年的销售收入、净利润和投资规模变化状况。从中可以看出，在2010年多项指标最好的是超日太阳，其次是向日葵，最后是东方日升，但在2014年，三家公司的排名却颠了一个次序，最好的是东方日升，向日葵仍位列第二，最差的变成了超日太阳。为什么上市时规模最小的东方日升能走出困境，向日葵则仍在困境中徘徊，而上市时两项指标最好的超日太阳则走向了破产重整的境地呢？在危机时，三家公司实际控制人对自身股权的不同处理方式可以提供一些线索。

表7-2　　浙江向日葵历年业绩变化

指标 \ 年份	2010	2011	2012	2013	2014	2015
总市值（元）	1 222 618.00	645 412.00	295 729.00	405 367.6	496 071.40	587 895.00
销售收入（元）	232 854.00	193 865.00	122 601.00	112 292.00	164 390.00	105 222.00
净利润（元）	25 130.80	3 484.02	-35 702.70	4 058.88	3 753.78	2 820.98
ROE（%）	15.15	2.41	-31.70	3.50	3.19	2.33
ROA（%）	8.94	0.98	-10.84	1.37	1.25	0.85
投资规模（元）	45 201.13	94 077.68	3 587.59	4 960.69	-14 809.52	-10 848.03

表7-3　　东方日升历年业绩变化

指标 \ 年份	2010	2011	2012	2013	2014	2015
总市值（元）	1 062 250.00	460 950.00	242 480.00	357 280.00	506 281.62	686 736.61
销售收入（元）	237 486.00	210 621.00	101 590.29	216 371.72	295 219.23	292 741.88
净利润（元）	27 512.80	5 371.64	-50 551.47	7 521.41	7 774.15	21 106.92
ROE（%）	11.08	2.30	-24.82	3.76	2.49	6.88
ROA（%）	8.58	1.37	-12.33	1.85	1.56	3.11
投资规模（元）	31 097.96	65 400.90	60 640.29	-7 916.44	-15 760.96	17 769.70

表 7-4　　超日太阳能历年业绩变化

指标＼年份	2010	2011	2012	2013	2014	2015
总市值（元）	1 173 283.60	707 502.40	431 038.72	196 540.16	161 112.30	1 572 267.70
销售收入（元）	268 665.00	333 258.00	163 796.70	58 447.75	269 927.85	573 268.44
净利润（元）	21 941.90	−5 548.69	−174 495.68	−493 175.30	268 225.05	37 659.28
ROE（%）	12.10	−1.85	−149.05		831.67	54.69
ROA（%）	7.66	−0.99	−24.04		57.21	7.01
投资规模（元）	19 636.34	162 900.00	191 409.78	−62 892.60	−154 179.40	−178 754.57

注：2013 年超日太阳能净资产收益率和总资产收益率资料缺失，所有者权益为负。

如表 7-5 所示，三家公司的实际控制人在 2011 年危机来临时，均逐步质押了持有的公司股票。不同的是，东方日升实际控制人质押公司股票是为上市公司融资提供担保，而向日葵公司实际控制人质押公司股票的目的是发展自己控制的另一家拟上市公司，超日太阳的实际控制人质押股份后进行了房地产等分散的投资。

表 7-5　　三家公司实际控制人质押股份数比较

年度	东方日升质押股数（万股）	东方日升质押比率（%）	向日葵质押股数（万股）	向日葵质押比率（%）	超日太阳质押股数（万股）	超日太阳质押比率（%）
2011	9 880	59.43	22 728.1	40.86	17 455.80	24.39
2012	6 400	50.36	41 227.60	55.40	22 328.98	33.43
2013	16 000	3.57	45 360	1.79		
总计	32 280		109 316		39 784.78	

表 7-6 显示了三家公司实际控制人减持公司股份的情况，从中可见，东方日升实际控制人林海峰减持最少，而超日太阳实际控制人倪开禄减持最多，向日葵实际控制人也进行了较大比例的减持。

表 7-6　　　三家公司实际控制人减持状况表

控制人（减持时间）	减持前		减持		减持后	
	持股比例（%）	持股市值（万元）	减持比例（%）	减持市值（万元）	持股比例（%）	持股市值（万元）
吴建龙（2013 年）	40.98	166 199.60	16.26	75 900.42	24.72	90 299.18
吴建龙（2015 年）	24.72	90 299.18	8.93	40 834.00	15.79	49 465.18
林海峰（2014 年）	42.90	217 194.80	9.08	17 598.84	33.82	171 224.44
倪开禄（2014 年）	37.38	60 223.78	24.89	40 100.85	12.49	20 122.93

7.2.4　案例分析与发现

7.2.4.1　控制性股东的交易策略对债务融资显性契约的影响

三家公司均于 2010 年上市，其上市时投资规模、销售收入、净利润如表 7-2 到表 7-4 所示。

2011—2012 年，整个光伏行业进入产能过剩危机，三家公司均陷入需求大幅下滑导致的流动性危机。在行业危机的背景下，银行全面限制对光伏企业的贷款，进一步加剧了光伏企业的流动性危机。由于企业经营业绩下滑，行业风险较高，创业板再融资制度未出台，通过股权融资缓解危机是不可能的，发行债务取得流动性就成为三家公司的选择。如前所述，在经营大幅下滑的背景下，除非实际控制人能自我限制交易，否则难以与债权人达成最优化的债务融资协议。三家公司实际控制人对股权质押的不同方式，影响了债务融资契约的签订，使得三家公司债务融资契约中的债务融资渠道、融资方式、融资规模和债务期限表现出很大的差异。

2011 年 1 月 12 日，东方日升发布了第一届董事会第十一次会议公告，公告内容为“根据未来的经营发展长期规划和资金需求安排，公司拟向中国进出口银行宁波分行申请综合授信额度 15 亿元，由公司的实际控制人林海峰先生以其持有公司的有限售条件的流通股股份质押给银行来提供担保。该综合授信额度项下的贷款将主要用于补充公司未来经营活动所需的流动资金，届时公司将根据自身的情况适时提用贷款”。该公告表明公司选择了银行授信额度这一债务融资工具来解决流动性问题。授信额度能根据公司经营的需要，不断提供资金给公司，而不是一次性增加公司的债务负担（DeMarzo & Fishman，2007），对于陷入流动性危机的上市公司，是一种理想的融资工具。这一债务融资契约实现的关键在于实际控制人将自身股权作为担保品质押给银行，从而很好地解决了本书 7.2.2.2 所提出的三个现实问题：第一，实际控制人自我限制了交易，避免了控制性股东在违约前出售公司股票的道德风险，在债务违约的情况下，控制权会及时转移给债权人，这样控制性股东难以侵犯债权人利益，从而取得了债权人的信任；第二，授信额度的提供者取得了最优级别的受偿权，在违约状态下，由于实际控制人的股权作为担保物，他们能接管上市公司或者出售股权，从而获得相对于其他债权人的优先受偿权；第三，实际控制人虽然自我限制交易，但是因为提供股权给上市公司担保，在违约状态下，作为担保人，也取得了相对于中小股东的优先受偿权。由于很好地解决了债权人的信任问题和实际控制人股权不能分散化投资的风险问题，这一债务融资契约为公司提供了一种融资成本低、期限灵活、再谈判成本也较低的（只针对一个债权人，较之分散的债权人，谈判成本更低）的融资工具。对中小股东来说，公司取得了流动性和低成本融资工具，可以灵活地根据需要动态融资，有助于实现公司长远价值，和他们的根本利益是一致的。同时控制性股东质押股权为公司提供债务担保，增强了中小股东对公司的信心，为其后投资机会好转时股权再融资化解财务风险打下了基础。可见，不论从融资工具选择，还是优先受偿权安排，东方日升的债务融资契约都是一种兼顾各方利益的最优契约。

2011 年 1 月 21 日，向日葵公司实际控制人吴建龙公告质押所持股权，未披露具体用途。至 2013 年，吴建龙几乎完全质押了股权。这一交易策略使得向日葵公司不能获取单一银行的授信额度：第一，实际控制人将股权质押出去，加大了在债务违约前出售股票的可能性。因为其自身一旦难以还款，抛售股票就成为一种必然选择，这使得债权人难以相信实际控制人不侵犯他们的利益。第二，在行业危机和银行限贷的背景下，由于实际控制人的股权已经质押，向日葵公司难以提供其他流动性好的担保标的。由于不能解决信任机制的问题，向日葵公司不能通过向单一债权人逐步发行低利率债务的方式来动态地满足流动性需求。为避免再谈判成本，向多个债权人发行期限较长的债务就成为一种选择。对于债权人来说，由于期限长，缺乏担保，难以防止控制性股东抛售股票、侵犯自身利益，他们必然要求较高的利率作为风险补偿。2011 年 11 月 24 日，向日葵公告发行五年期私募公司债券 3 亿元，债券利率为前三年固定 9.6%，后两年在未被回售的情况下上调基点。这一债务契约虽然暂时解决了公司的流动性危机，但因为期限长、筹资成本高、债务本息负担刚性，加大了公司的违约风险，降低了公司价值。较为分散的债权人也加大了违约后的再谈判成本，公司如果三年后不能满足债权人的回售要求，将支付更高的债务利率；如果公司债到期不能偿付，分散的债权人结构也加大了债务重组的难度。控制性股东对股权的质押方式，既加大了债权人的风险，也加大了中小股东的风险。因为一旦公司绩效无法好转，实际控制人不能通过现金分红的方式偿还股权质押贷款，抛售股票、获取控制权收益就极有可能发生。中小股东也会像债权人一样，需求一个较高的风险补偿，这会导致公司长期股价低迷，股权融资成本提高。

2011年3月7日，超日太阳公告拟发行10亿元八年期债券。2011年3月30日，公司实际控制人倪开禄公告质押公司股份为自己申请贷款。2012年3月9日，公司债券发行完成，其条款为“本期公司债券发行规模10亿元，为五年期固定利率债券，附第三年年末发行人上调票面利率选择权和投资者回售选择权，发行价格为每张100元，采取网上面向社会公众投资者公开发行和网下面向机构投资者询价配售相结合的方式发行”。3月7日公告债券票面利率为8.98%。该债券完全为无担保信用债，鹏元资信给其出示了AA级的信用评级。从债券的发行来看，控制性股东没有为债券发行提供任何担保，反而逐步质押了所持公司股份为自身利益服务。该公司的债务融资契约最为刚性：一是债券的发行对象为社会公众，一旦违约，几乎没有再谈判空间；二是一次募集10亿元，公司在前三年必须支付较高的利息，三年后面临10亿本金的刚性回售压力，如希望债权人不选择回售，公司需进一步上调利率。实际上公司债券带来的偿付压力导致公司2013年利息违约，其后本金违约，进入破产重整程序。债券利息违约后，公司股价大幅下跌，中小股东损失惨重，实际控制人失去了公司的控制权。

三家公司的实际控制人对股权的不同质押方式，使得三家公司最终签订的债务融资契约差异较大。比较三家公司的债务融资契约（三家公司债务融资契约构成要素比较见表7-7），可以发现不论从融资工具选择，还是融资契约的其他条款，东方日升的债务融资契约都优于其他两家公司。

表 7-7　　三家公司债务融资契约比较

公司名称	债务融资工具	发行对象	发行规模	担保物	期限	利率
东方日升	银行授信	中国进出口银行	15 亿元（额度内灵活使用）	实际控制人股权	灵活安排	据报表测算约为 8.6%
向日葵	私募债券	机构投资者	3 亿元	无	五年期，三年后面临回售	9.6%，三年后可能上调
超日太阳	公募债券	社会公众	10 亿元	无	五年期，三年后面临回售	8.98%，三年后可能上调

东方日升的债务融资契约为资本结构的动态调整提供了空间，而向日葵和超日太阳的债务融资契约是刚性的，难以实现资本结构的动态调整。首先，从债务融资规模来看，向日葵和超日太阳都是一次性融资，还本和付息的压力都是刚性的，而东方日升可以根据投资需求动态地债务融资。其次，从期限来看，向日葵和超日太阳都是 3~5 年的长期融资，仅在第三年能够实现一定的调整，但是如果第三年不能偿付，即面临违约。而东方日升则可以在额度内通过借新还旧的方式避免违约，只要不超过较高的额度 15 亿元，都不会触发违约，这为企业实施动态投资创造价值偿付债务提供了较大空间。再次，从再谈判成本来看，东方日升只面对一个债权人，再谈判成本较低，而向日葵面临几家私募，东方日升则面临大量分散的债券持有者，违约后难以再谈判。最后，从融资成本来看，东方日升低于另外两家企业。东方日升的债务融资契约显然优于另外两家公司，这种最优融资契约依赖于控制性股东利用自身股权为公司提供担保，因此比发行信用债券的融资条件优越。控制性股东将股权质押给公司债权人后，等于限制了自身的交易，使得债权人

可以在违约状态下接管公司。因此债权人会提供较为优厚的融资契约，中小股东因此受益，而控制性股东为公司提供担保也获得了公司经营失败后相对于中小股东的优先受偿权，这是一个多赢的债务融资契约。其他两家公司将股权质押为自身利益服务，加大了与公司利益的分离，而债权人未获得任何担保，必然要求一个更高的回报率；同时因控制性股东与公司利益的分离，可能增加控制性股东的利益侵占风险，从而中小股东可能也会压低股价，对股权要求一个更高的回报率。

7.2.4.2 控制性股东的交易策略对股权融资隐性契约的影响

股权质押对实际控制人的意义在于，股权质押贷款后，如实际控制人无法还钱，则股权质押成为一种变相的减持。如前所述，在危机到来时，只有东方日升的实际控制人选择与公司利益更紧密地联系在一起，而另外两家公司则选择了与公司的利益分离。东方日升实际控制人采用股权质押为公司贷款提供担保，一旦公司无法偿还贷款，则实际控制人将失去对公司的控制权。这将迫使实际控制人努力经营公司，提高还款能力。而另两家公司的实际控制人在质押到期后，要么其对外投资的项目能够提供稳定的现金流还款，要么抛售公司的股票还款，其做法无疑显示了与公司利益分离的趋势。

其后三家公司实际控制人对股权的进一步交易方式显示了利益趋同与利益分离的趋势。东方日升实际控制人一直未减持公司股票，只到 2015 年公司业绩恢复，股价大幅上涨后才少量减持公司股票。而向日葵实际控制人则在 2013 年 9 月前制造了大量利好消息刺激股价上涨后，推出了创业板史上最大规模的减持，其减持后股价暴跌 35%。超日太阳实际控制人将股权全部转让给了第三方。

三家公司实际控制人的交易状况形成了不同的声誉：东方

日升实际控制人的交易没有引起任何负面舆论报道，而质疑向日葵内部人交易的负面报道有十来篇，超日太阳的新闻报道则直接和其破产丑闻相挂钩。那么三家公司实际控制人在交易过程中形成的不同声誉是否会影响上述三家公司的权益融资呢？

实际控制人在公司陷入经营困境时对所持股权的处理方式会引起外部投资者的关注并调整投资决策：首先，外部股东会跟随实际控制人的交易方向，这会影响公司股价并最终影响权益融资成本；其次，实际控制人在交易过程中是否存在机会主义行为会影响外部股东是否提供资金的决策。

图 7-2 比较了三家公司的长期超额累计收益率。从中可见，只有东方日升实现了正的超额累计收益率，其他两家公司显著为负。这反映实际控制人的交易行为确实影响了股价和股权融资成本。

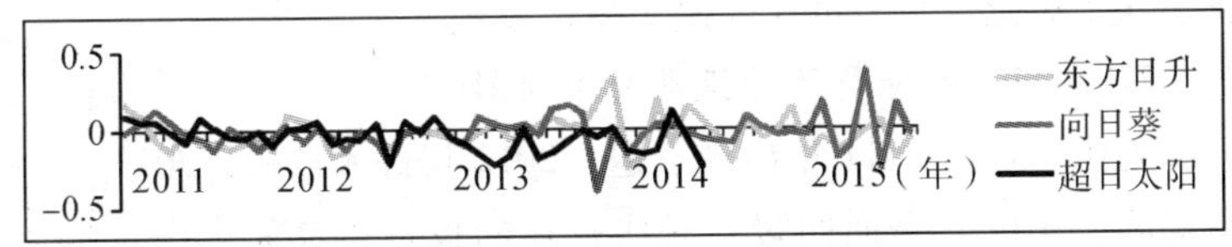

图 7-2　三家公司长期超额累计收益率比较

如表 7-2 至表 7-4 所示，三家上市公司在 2011 年均面临外部需求萎缩、业绩下滑的局面，在 2012 年陷入经营危机。但是从表 7-5 可以看出，三家公司的实际控制人采取了不同的内部人交易策略。东方日升实际控制人并没有抛弃陷入困境的上市公司，而是为上市公司贷款质押股权，并且只在公司业绩上升时减持公司股票，这使得东方日升的实际控制人的内部人交易形成了良好的声誉，取得了中小股东和银行的信任。而反观向日葵的实际控制人，却采取了机会主义行为，通过质押股权获取资金发展另外一家拟上市公司优创材料，并在 2013 年推出进入上海自贸区、进军机器人产业、投资及出售海外光伏电站、高送转等一系列利好消息，在推升股价后减持了超过 12.6 亿元价值的股权。这一行为形成了非常负面的声誉，引起了新闻媒体的关注，导致“向日葵总经理内幕交易：业绩急剧恶化公告前大规模减持”“向日葵连续暴跌后企稳，大股东仍抛盘减持 5%”等十多篇新闻报道，证监会随之对其立案调查。负面声誉对公司的融资约束产生了较大影响，在公司资金短缺的情况下，向日葵的实际控制人只得借给上市公司 3 亿元来解决融资需求。而超日太阳则采取了欺骗债券投资人的行为，在经营业绩下滑的背景下通过发行高息公司债券的方式获取资金，很快便因无法偿还债券进入破产重整程序。

由于实际控制人在交易中形成的不同声誉，在我国光伏产业的扶持政策出台后，仅有东方日升通过非公开发行的方式获取了 6.2 亿元资金，迅速恢复了生产规模。

7.2.4.3　融资契约对投资效率的影响

光伏行业在 2011 年出现衰退，2012 年进入危机，2013 年开始复苏，2014 年全面回暖。光伏行业的投资机会完全由外部驱动，并不能由管理者决定，这为本章考察融资契约是否影响投资效率提供了一个天然实验。按照光伏行业的发展趋势，本章将 2011—2012 年划分为投资机会下降的阶段，2013—2014 年划分为投资机会上升的阶段，分别考察三家公司融资契约对投资与投资机会匹配度的影响。

①东方日升：投资规模与投资机会匹配。

阶段一：投资机会下降，使用授信额度弥补经营亏损，压缩投资规模。

2011—2012 年，由于外部需求大幅下滑，东方日升经营活动现金流大幅下滑，企业内部现金流难以满足企业运营需要，而外部股权融资受限，使用与中国进出口银行签订的授信额度来弥补经营性亏损就成为必然选择。东方日升实际控制人随企业经营需要，逐步质押了3.2亿股，两年间总共使用了中国进出口银行的信用额度9.2亿元来弥补经营性亏损，获得了流动性。在这两年间，由于需求下滑，东方日升收缩投资，尽量回笼资金，避免企业陷入更大的流动性危机，体现了投资与投资机会的匹配。

阶段二：投资机会上升，使用授信额度和股权再融资，扩大投资规模。

2013—2014年，由于我国对光伏行业的扶持，行业开始复苏，但是行业的投资机会也在发生变化，大多数光伏组件生产企业开始自建光伏电站消化过剩产能。光伏电站具有投资期长、整体资金回笼缓慢但年回报稳定的特点，东方日升采用授信额度搭配股权再融资的方式投资了一系列光伏电站项目。在2013年，东方日升跟随行业变化，使用授信额度扩大了投资规模，加大了公司的财务杠杆；在2014年，东方日升又通过股权再融资获得流动资金，降低杠杆，并进入光伏电站运营。东方日升的经营规模在2013年明显回升，在2014年其销售收入即恢复到了危机前水平。

2015年的中报显示，东方日升净利润大幅上升，报表数据显示企业已经可以通过经营活动产生的现金流量偿还负债，在还债后股东可以通过分红的方式获取回报，为此企业规划了2015—2017年的分红方案。

②向日葵：债务高悬导致投资不足。

阶段一：投资机会下降，发行私募债券弥补经营亏损，压缩投资规模。

2011年，与东方日升一样，向日葵经营活动现金流大幅下滑，企业内部现金流已不足以维持经营需要。2011年年底，向日葵发行了3亿元的私募债，获得了流动性，但也因此而背上了较为沉重的债务本息负担。2012 年，尽管向日葵压缩投资规模，经营活动现金流转为正数，但是企业当年度在支付利息后仍然大幅亏损。

阶段二：投资机会上升，债务高悬导致投资不足。

尽管在第一阶段，向日葵与东方日升一样体现投资与投资机会的匹配，但是 2013—2014 年，向日葵并没有抓住行业复苏的机遇，其投资规模未得到有效回升。由于 3 亿元公司债的本息负担，向日葵公司的债务高悬效应较为明显，此时扩大投资规模，经营成果大部分将流入债权人，而风险则全部由股东承担。在这种背景下，向日葵实际控制人利用行业好转的时机，制造了一系列利好消息，抛售了公司股票，然后将抛售股票所得借款给上市公司 3 亿元，提前赎回了债券。由于实际控制人通过策略性信息披露的方式侵犯了中小股东利益，向日葵股价一直低迷，不能通过股权再融资降低杠杆，债务高悬效应一直发挥作用。尽管实际控制人将减持所得借款给企业 3 亿元，并在 2015 年提前赎回债券，但是企业的资本结构一直难以改善，财务杠杆仍然不断上升。在 2015 年我国股市出现了大幅上行，向日葵试图利用股权再融资来发展光伏电站项目，但是随着股市在 2015 年 6 月后的快速走低，该方案再度流产。由于财务杠杆不断提高，投资不足，向日葵的经营规模和绩效在 2013 年后即大幅落后于东方日升，此后差距逐步扩大。公司的 2013 年、2014 年和 2015 年上半年报表显示，公司一直处于微利状态。

③超日太阳：风险转移导致过度投资。

阶段一：投资机会下降，发行公募债券弥补经营亏损，扩大投资规模。

超日太阳是三家公司中债务发行规模最大、债务契约刚性最强的企业，这给企业的投资行为带来了深远影响。虽然一次性发行了 10 亿元规模的债券，企业暂时获得了流动性，但每年的债务利息上亿元，而且在三年后和五年后均面临巨大偿还本金压力。2011—2012 年，由于需求下滑，东方日升和向日葵均收缩投资，尽量回笼资金，避免企业陷入更大的流动性危机，但是超日太阳反而扩大了投资，尤其加大了对海外光伏电站的投入。超日太阳逆行业周期的反向举动只能用控制性股东的风险转移行为来解释，因为在巨大的利息和本金压力下，债务人利用债权人资金通过高风险的投资可以把风险转嫁给债权人，而只有在高风险带来的高收益的前提下债务人才有可能偿还这么巨大的债务。超日太阳在 2012 年即将 10 亿元债券融资取得的资金大规模投资，包括风险较大的海外电站投资，豪赌光伏产业的快速复苏，增加了违约风险。超日太阳则负债不断上升，2012 年发债后投资规模急速上升，尤其是扩大对海外光伏电站的投资，体现了风险转移效应，使得公司的风险大幅上升，经营活动现金流状况日趋恶化，最终将公司拖入债务违约的泥潭。

阶段二：投资机会上升，破产重整。

由于在上一个阶段扩大投资规模，而光伏行业的复苏并不是快速的，产品价格回升缓慢，上一阶段扩大的投资规模并不能快速产生回报。此外整个行业的投资机会变化在于我国国家产业政策对光伏电站的补贴，超日太阳的海外光伏电站并不能享受这种补贴，因此超日太阳未能等到行业的复苏，经营绩效继续大幅下滑。由于公司风险大幅上升，经营活动现金流状况日趋恶化，公司无法支付 10 亿元债券的本息，流动性危机加剧，最终将公司拖入债务违约的泥潭。2013 年公司出现了利息违约，2014 年出现本金违约，进入破产重整。值得注意的是，超日太阳发行的是公募债券，与分散的债权人谈判十分艰难，在刚性兑付的债券市场，债权人不愿意做出让步，最终实际控制人失去了公司的控制权。

图 7-3 比较了三家公司的投资规模与行业投资机会，从中

可见：只有东方日升的投资规模变化与行业投资机会变化趋势相吻合，投资规模与投资机会相吻合；向日葵的资本结构没有随行业周期的变化而变化，而是缓慢攀升，投资规模不能适应投资机会变化，体现了债务高悬效应，销售规模在下降后一直未能回升，出现了明显的投资不足现象；超日太阳则在行业危机时大举借债投资，试图豪赌产业快速复苏，一旦行业复苏不及预期，则将风险转移给债权人。

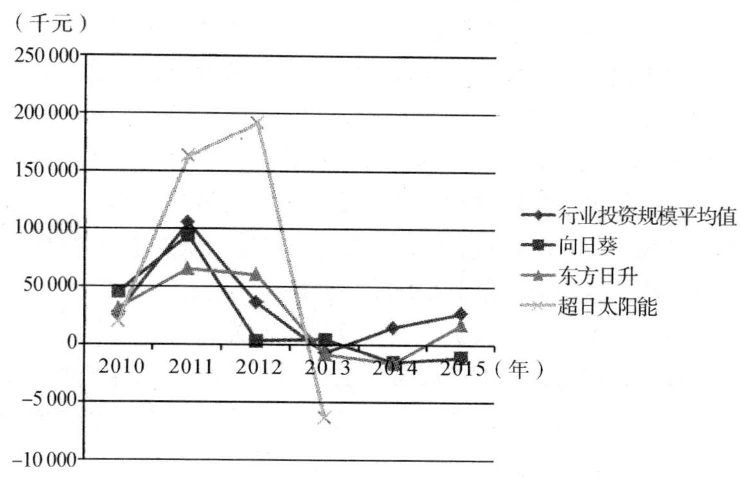

图 7–3　三家公司投资规模与行业投资机会比较

上述困境反转的不同结果是否可以用自身经营能力，而非债务融资契约特征和股权融资的隐性契约来解释呢？图 7–4 和图 7–5 比较了三家公司在危机前、后的经营能力，发现向日葵自身的经营能力要好于东方日升，超日太阳的经营能力与另两家公司也差距不大。但 2013 年行业复苏后东方日升与向日葵拉开了差距，超日太阳 2013 年之后的数据其实已经是破产重组为另一家公司的数据了。这表明，负债契约特征和股权融资的隐

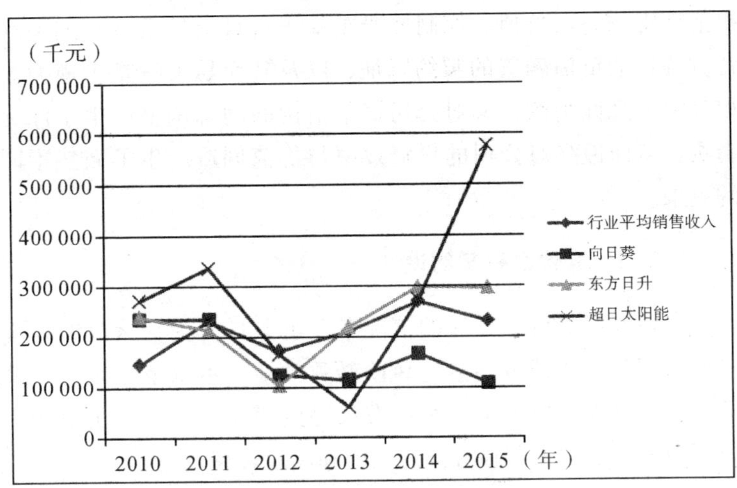

图 7-4　三家公司危机前、后销售收入比较

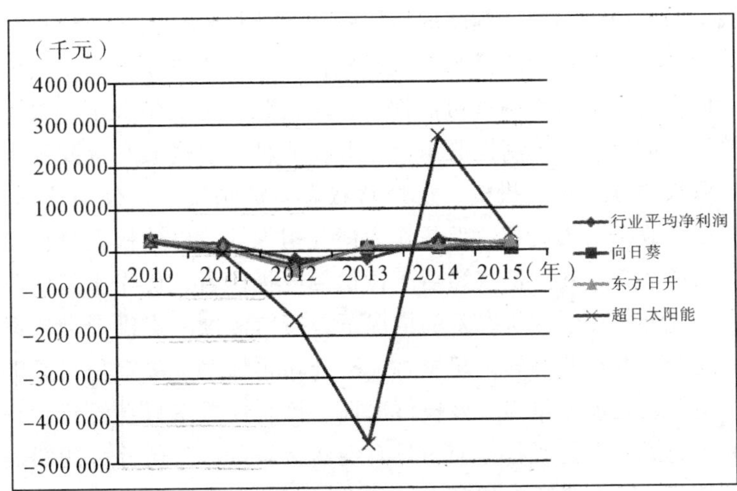

图 7-5　三家公司危机前、后净利润比较

性契约的确影响了公司的价值，即资本结构能通过影响投资效率最终影响公司价值。控制性股东基于自身交易策略与相关利益方签订的负债融资的契约特征，以及其交易策略是否遵循股权融资的隐性契约，又对公司资本结构的动态调整产生了深远影响，从而最终对公司的投资效率与价值创造产生了截然不同的效果。

7.2.5 最优融资契约设计

在外部投资机会一样的情况下，东方日升为什么没有体现出另两家公司的债务高悬与风险转移效应？本章依据东方日升的投融资过程，提出了一个动态投融资模型，并进一步解析在该模型下，如何抑制债务高悬效应和风险转移效应。

该模型的动态过程是：公司由债权人和股东提供初始资金，控制性股东与债权人签订以控制性股东的股权为质押担保物的授信额度协议，授信额度的使用弥补经营性资金需求，通过授信额度与股权再融资满足扩大投资需求。在不确定状态下，公司的投资效果出现两种可能性：在经营状态好的情况下，公司偿还授信负债，控制性股东解除股权质押，通过股利分配和出售股权的方式收回投资；在经营状态差的情况下，公司违约，控制性股东失去股权，但是作为债务担保人，以债权人身份参与破产清算，其清偿权滞后于授信额度提供者，优先于其他股东。此外，在经营状态差的情况下，授信额度的提供者会依据公司未来的经营好转的可能性，与公司再谈判，决定公司是破产清算还是债务重组。该模型保证了控制性股东只在经营状态好的前提下出售股权，因为只有经营状态好，公司才可能偿还负债，控制性股东的股权才可能解除质押。在经营状态差时，控制性股东因为股权质押为公司提供担保，利益与公司一致度更高。

不论最终出现哪种结果，控制性股东尽管能在项目进程中优先知道违约的可能性，但都不会转移资金给自己。在经营状态向好的情况下，由于股权质押不能交易，控制性股东有动力提升质押股权的价值，没有动力转移资金降低未来出售股权的价值；在经营状态向坏的情况下，一旦控制性股东转移资金，授信额度的提供者会停止授信令公司提前违约，利用股权质押接管公司，控制性股东失去控制权，由于清偿权低于授信额度的提供者，将有损其作为质押担保债权人的利益。

在该模型下，债务高悬效应不会发生。第一，通过授信额度的使用，避免了一次性发行大量债务；第二，债务高悬效应源于债务负担过重，投资带来的利益大部分流向债权人，而风险却由股东承担，但是在股权质押为公司提供担保的情况下，当经营状况不及预期时，控制性股东自己转化为债权人，降低了风险；第三，在股权质押的情况下，控制性股东有动力提高投资效率，避免质押资产价值下降。

在该模型下，风险转移效应不会发生。第一，由于控制性股东本身是公司的质押担保债权人，扩大风险将有损于其作为债权人的利益；第二，由于股权质押而不能交易，提高风险将使得质押股权的价值下降；第三，提高风险将使得授信银行不再提供授信，令债务违约提前发生，控制性股东失去控制权。

7.2.6 小结

第一，在不确定状态下，融资契约的设计对于投资效率至关重要。最优融资契约的本质是融资工具选择和优先受偿权安排。控制性股东质押股权为公司提供担保，采用授信额度作为融资工具，实现授信银行、控制性股东、中小股东的优先次序，可以避免债务高悬和风险转移。

第二，在控制性股东治理模式下，控制性股东交易策略会影响融资契约，并最终影响投资效率。针对控制性股东股权不能分散化投资的风险和信息优势，给定控制性股东相对于中小股东的优先清偿权，限制其只能在绩效提高的情况下减持（在绩效下降的情况下提高其与公司利益的一致度），控制性股东会有动力提高投资效率，避免债务高悬和风险转移。因此设计控制性股东风险与收益均衡的契约安排，有助于完善当前的公司治理结构。

第三，在不确定状态下，公司的投融资决策会引发相关利益者冲突，产生代理成本，而最能协调各方利益的契约安排，能够降低利益冲突，提高效率。因此相关利益者财富最大化不仅是一种伦理学上的追求，也具有经济价值。对于投资效率，帕累托最优的解决方案好于单边利益最大化的方案。

第四，对于陷入经营困境的控制性股东控制的公司，公司的经营能力并非困境反转的关键因素，建立针对控制性股东的激励约束相容的融资契约安排更为重要。经营能力可以通过学习、试错的方式提高，但是融资契约一旦签订，其影响往往是刚性的，契约再谈判成本在多数情况下难以降低。财务理论研究的任务是从实践中提取融资契约设计经验，与实务界沟通，并最终用于实践。鉴于当前多数上市公司的融资契约设计还很不完备，本案例的研究成果具有一定的推广价值。

参考文献

[1] ACHARYA V V, AMIHUD Y, LITOV L. Creditor rights and corporate risk-taking [J]. Journal of Financial Economics, 2011, 102 (1): 150–166.

[2] AGGARWAL R K, SAMWICK A A. Empire-builders and shirkers: investment, firm performance, and managerial incentives [J]. Journal of Corporate Finance, 2006, 12 (3): 489–515.

[3] AMIHUD Y, LEV B, TRAVLOS N. Corporate control and the choice of investment financing: the case of corporate acquisitions [J]. The Journal of Finance, 1990 (45): 603–616.

[4] ASQUITH P, WIZMAN T A. Event risk, covenants, and bondholder returns in leveraged buyouts [J]. Journal of Financial Economics, 1990, 27 (1): 195–213.

[5] ATAULLAH A, GOERGEN M, LE H. Insider trading and financing constraints [J]. Financial Review, 2014, 49 (4): 685–712.

[6] AUSUBEL L M. Insider trading in a rational expectations economy [J]. The American Economic Review, 1990, 80 (5): 1022–1042.

[7] BAKER M, STEIN J, WURGLER J. When does the market matter? stock prices and the investment of equity-dependent firms

[J]. The Quarterly Journal of Economics, 2003, 118 (3): 969-1006.

[8] BARAN L C, KING T H D. Going private transactions, bondholder returns, and wealth transfer effects [J]. Journal of Banking & Finance, 2010, 34 (8): 1856-1872.

[9] BARGERON L L, LEHN K M, ZUTTER C J. Sarbanes-Oxley and corporate risk-taking [J]. Journal of Accounting and Economics, 2010, 49 (1): 34-52.

[10] BAUGUESS S W, SLOVIN M B, SUSHKA M E. Large shareholder diversification, corporate risk taking, and the benefits of changing to differential voting rights [J]. Journal of Banking & Finance, 2012, 36 (4): 1244-1253.

[11] BEBCHUK L A, STOLE L A. Do short-term objectives lead to under-or overinvestment in long-term projects? [J]. The Journal of Finance, 1993, 48 (2): 719-729.

[12] BENEISH M D, PRESS E, VARGUS M E. Insider trading and earnings management in distressed firms [J]. Contemporary Accounting Research, 2012, 29 (1): 191-220.

[13] BERKOVITCH E, KIM E H. Financial contracting and leverage induced over-and under-investment incentives [J]. The Journal of Finance, 1990, 45 (3): 765-794.

[14] BETTIS J C, BIZJAK J M, LEMMON M L. Managerial ownership, incentive contracting and the use of zero-cost collars and equity swaps by corporate insiders [J]. Journal of Financial and Quantitative Analysis, 2001, 36 (3): 345-370.

[15] BETZER A, THEISSEN E. Insider trading and corporate governance: the case of Germany [J]. European Financial Management, 2009, 15 (2): 402-429.

[16] BHATTACHARYA U, DAOUK H. The world price of insider trading [J]. The Journal of Finance, 2002, 57 (1): 75-108.

[17] BHATTACHARYA S, NICODANO G. Insider trading, investment, and liquidity: a welfare analysis [J]. The Journal of Finance, 2001, 56 (3): 1141-1156.

[18] BHATTACHARYA U, SPIEGEL M. Insiders, outsiders, and market breakdown [J]. Review of Financial Studies, 1991, 4 (2): 225-282.

[19] BIDDLE G C, HILARY G, VERDI R S. How does financial reporting quality relate to investment efficiency? [J]. Journal of Accounting and Economics, 2009, 48 (2): 112-131.

[20] BILLETT M T, JIANG Z, LIE E. The role of bondholder wealth expropriation in LBO transactions [J]. Journal of Corporate Finance, 2008, 16 (3): 1-15

[21] BILLETT M T, KING T H D, MAUER D C. Growth opportunities and the choice of leverage, debt maturity, and covenants [J]. The Journal of Finance, 2007, 62 (2): 697-730.

[22] BLECK A, LIU X. Market transparency and the accounting regime [J]. Journal of Accounting Research, 2007, 45 (2): 229-256.

[23] BOUBAKRI N, COSSET J C, SAFFAR W. The role of state and foreign owners in corporate risk-taking: evidence from privatization [J]. Journal of Financial Economics, 2013, 108 (3): 641-658.

[24] BRIO E B D, DE MIGUEL A. Dividends and market signalling: an analysis of corporate insider trading [J]. European Financial Management, 2010, 16 (3): 480-497.

[25] CALLEN J L, FANG X H. Religion and stock price crash risk [J]. Journal of Financial and Quantitative Analysis, 2015, 50 (1-2): 169-195.

[26] CALLEN J L, FANG X H. Institutional investor stability and crash risk: monitoring versus short-termism? [J]. Journal of Banking & Finance, 2013, 37 (8): 3047-3063.

[27] CARLTON D W, FISCHEL D R. The regulation of insider trading [J]. Stanford Law Review, 1983, 35 (5): 857-895.

[28] XU N H, CHAN K C, JIANG X Y, et al. Do star analysts know more firm-specific information? evidence from China [J]. Journal of Banking & Finance, 2013, 37 (1): 89-102.

[29] CHAN K, IKENBERRY D L, LEE I, et al. Informed traders: linking legal insider trading and share repurchases [J]. Financial Analysts Journal, 2012, 68 (1): 60-73.

[30] CHEN Q, GOLDSTEIN I, JIANG W. Price informativeness and investment sensitivity to stock price [J]. Review of Financial Studies, 2007, 20 (3), 619-650.

[31] CHENG L T W, SZETO R W F, LEUNG T Y. Insider trading activities before the simultaneous announcements of earnings and dividends [J]. Review of Pacific Basin Financial Markets and Policies, 2005, 8 (2): 279-307.

[32] CHENG Q, KIN L. Insider trading and voluntary disclosures [J]. Journal of Accounting Research, 2006, 44 (5): 815-848.

[33] CHENG Q, LUO T, YUE H. Managerial incentives and management forecast precision [J]. Accounting Review, 2013, 88 (5): 1575-1602.

[34] CHRISTY J A, MATOLCSY Z P, WRIGHT A, et al. Do

board characteristics influence the shareholders' assessment of risk for small and large firms? [J]. Abacus, 2013, 49 (2): 161-196.

[35] DEMARZO P M, FISHMAN M J. Optimal long-term financial contracting [J]. Review of Financial Studies, 2007, 20 (6): 2079-2128.

[36] DENIS D J, XU J. Insider trading restrictions and top executive compensation [J]. Journal of Accounting and Economics, 2013, 56 (1): 91-112.

[37] DESSI R. Implicit contracts, managerial incentives and financial structure [J]. Journal of Economics & Management Strategy, 2001, 10 (3): 359-390.

[38] DJEMBISSI B. Excessive risk taking and the maturity structure of debt [J]. Journal of Economic Dynamics and Control, 2011, 35 (10): 1800-1816.

[39] DONG Z, WANG C, XIE F. Do executive stock options induce excessive risk taking? [J]. Journal of Banking & Finance, 2010, 34 (10): 2518-2529.

[40] DYCK A, ZINGALES L. Private benefits of control: an international comparison [J]. The Journal of Finance, 2004, 59 (2): 537-600.

[41] FACCIO M, MARCHICA M T, MURA R. Large shareholder diversification and corporate risk-taking [J]. Review of Financial Studies, 2011, 24 (11): 3601-3641.

[42] FERREIRA M A, LAUX P A. Corporate governance, idiosyncratic risk, and information flow [J]. The Journal of Finance, 2007, 62 (2): 951-989.

[43] FIDRMUC J P, GOERGEN M, RENNEBOOG L. Insider trading, news releases, and ownership concentration [J]. The Journal

of Finance, 2006, 61 (6): 2931-2973.

[44] FINNERTY. Insiders and market efficiency [J]. The Journal of Finance , 1976, 31 (4): 1141-1148.

[45] FRIEDRICH S, GREGORY A, TONKS I. Short-run returns around the trades of corporate insiders on the london stock exchange [J]. European Financial Management, 2002, 8 (1): 7-30.

[46] FROOT K A, SCHARFSTEIN D S, STEIN J C. Risk management: coordinating corporate investment and financing policies [J]. the Journal of Finance, 1993, 48 (5): 1629-1658.

[47] GAO F, LISIC L L, ZHANG I X. Commitment to social good and insider trading [J]. Journal of Accounting and Economics, 2014, 57 (2): 149-175.

[48] GREGORY A, MATATKO J, TONKS I. Detecting information from directors' trades: signal definition and variable size effects [J]. Journal of Business Finance and Accounting, 1997, 24 (3): 309-342.

[49] GUAY W R. The sensitivity of CEO wealth to equity risk: an analysis of the magnitude and determinants [J]. Journal of Financial Economics, 1999, 53 (1): 43-71.

[50] HARRIS M, RAVIV A. The theory of capital structure [J]. The Journal of Finance, 1991, 46 (1): 297-355.

[51] HENNESSY C A. Tobin's Q, debt overhang, and investment [J]. The Journal of Finance, 2004, 59 (4) : 1717-1742.

[52] HIRSCHEY M, ZAIMA J K. Insider trading, ownership structure and the market assessment of corporate sell-offs [J]. The Journal of Finance, 1989, 44 (4): 971-980.

[53] HOLMSTROM B, COSTA J R I. Managerial incentives

and capital management [J]. The Quarterly Journal of Economics, 1986, 101 (4) : 835-860.

[54] HUTTON A P, MARCUS A J, TEHRANIAN H. Opaque financial reports, R^2, and crash risk [J]. Journal of Financial Economics, 2009, 94 (1): 67-86.

[55] JAGOLINZER A D, LARCKER D F, TAYLOR D J. Corporate governance and the information content of insider trades [J]. Journal of Accounting Research, 2011, 49 (5): 1249-1274.

[56] JATEGAONKAR S P. If it's good for the firm, it's good for me: insider trading repurchases motivated by undervaluation [J]. Financial Review , 2013, 48 (2): 179-203.

[57] JENG L A, METRICK A, ZECKHAUSER R. Estimating the returns to insider trading: a performance-evaluation perspective [J]. The Review of Economics and Statistics, 2003, 80 (2): 453-471.

[58] JENSEN M C, MECKLING W H. Theory of the firm: managerial behavior, agency costs and ownership structure [J]. Journal of Financial Economics, 1976, 3 (4) : 305-360.

[59] JU NENGJIU, OUYANG H. Asset substitution and underinvestment: a dynamic view [Z/OL]. (2006-04-02). https://papers.ssrn.com/sol3/papers.cfm?abstract_id=686407.

[60] JOHN K, LITOV L, YEUNG B. Corporate governance and risk-taking [J]. The Journal of Finance, 2008, 63 (4): 1679-1728.

[61] JOHN K, MISHRA B. Information content of insider trading around corporate announcements: the case of capital expenditures [J]. The Journal of Finance, 1990, 45 (3): 835-855.

[62] JOHNSON S, LAPORTA R, LOPEZ-DE-SILANES F, et al.

Tunneling [J]. American Economic Review, 2000, 90 (2): 22-27.

[63] KAPLAN S, ZINGALES L. Do investment-cash flow sensitivities provide useful measures of financing constraints? [J]. The Quarterly Journal of Economics, 1997, 112 (1): 169-215.

[64] KARPOFF J M, LEE D. Insider trading before new issue announcements [J]. Financial Management, 1991, 20 (1): 18-26.

[65] KIM J B, LI Y, ZHANG L. CFOs versus CEOs: equity incentives and crashes [J]. Journal of Financial Economics, 2011, 101 (3): 713-730.

[66] KIM J B, LI Y, ZHANG L. Corporate tax avoidance and stock price crash risk: firm-level analysis [J]. Journal of Financial Economics, 2011, 100 (3): 639-662.

[67] KIM J B, ZHANG L. Accounting conservatism and stock price crash risk: firm-level evidence [J]. Contemporary Accounting Research, 2016, 33 (1): 412-441.

[68] KING T H D, WEN M M. Shareholder governance, bondholder governance, and managerial risk-taking [J]. Journal of Banking & Finance, 2011, 35 (3): 512-531.

[69] KUSNADI Y. Insider trading restrictions and corporate risk-taking [J]. Pacific-Basin Finance Journal, 2015 (35): 125-142.

[70] KYRIACOU K, LUINTEL K B, MASE B. Private information in executive stock option trades: evidence of insider trading in the UK [J]. Economica, 2010, 77 (308): 751-774.

[71] LAKONISHOK J, LEE I. Are insiders' trades informative? [J]. Review of Financial Studies, 2001, 14 (1): 79-112.

[72] LAPORTA R, LOPEZ-DE-SILANES F, SHLEIFER A. Corporate ownership around the world [J]. The Journal of Finance,

1999, 54 (2): 471-518.

[73] LEHN K, POULSEN A. Free cash flow and stockholder gains in going private transactions [J]. The Journal of Finance, 1989, 44 (3): 771-787.

[74] LENKEY S L. Advance disclosure of insider trading [J]. Review of Financial Studies, 2014, 28 (8): 2504-2537.

[75] LELAND H. Corporate debt value, bond covenants, and optimal capital structure [J]. The Journal of Finance, 1994, 49 (4): 1213-1252.

[76] LI D, ZHANG L. Does q-theory with investment frictions explain anomalies in the cross section of returns? [J]. Journal of Financial Economics, 2010, 98 (2): 297-314.

[77] MANNE H G. Insider trading and the stock market [M]. New York: Free Press , 1966.

[78] MANOVE M. The harm from insider trading and informed speculation [J]. The Quarterly Journal of Economics, 1989, 104 (4): 823-845.

[79] MARIN J M, OLIVIER J P. The dog that did not bark: insider trading and crashes [J]. The Journal of Finance, 2008, 63 (5): 2429-2476.

[80] MERTON R C. On the pricing of corporate debt: the risk structure of interest rate [J]. The Journal of Finance, 1974, 29 (2): 449-69.

[81] MISHRA D R. Multiple large shareholders and corporate risk taking: evidence from East Asia [J]. Corporate Governance: An International Review, 2011, 19 (6): 507-528.

[82] MODIGLIANI F, MILLER M H. Corporate income taxes and the cost of capital: a correction [J]. American Economic Re-

view, 1963, 53 (3): 433-443.

[83] MORCK R, YEUNG B, YU W. The information content of stock markets: why do emerging markets have synchronous stock price movements? [J]. Journal of Financial Economics, 2000, 58 (1-2): 215-260.

[84] MYERS S C, MAJLUF N S. Corporate financing and investment decisions when firms have information that investors do not have [J]. Journal of Financial Economics, 1984, 13 (2): 187-221.

[85] MYERS S C. Determinants of corporate borrowing [J]. Journal of Financial Economics, 1977, 5 (2) : 147-175.

[86] NARAYANAN M P. Managerial incentives for short-term results [J]. The Journal of Finance, 1985, 40 (5) : 1469-1484.

[87] NOE T H. Insider trading and the problem of corporate agency [J]. Journal of Law Economic and Organization, 1997, 13 (2): 287-318.

[88] PIOTROSKI J D, ROULSTONE D T. The influence of analysts, institutional investors, and insiders on the incorporation of market, industry and firm-specific information into stock prices [J]. Accounting Review, 2004, 79 (4): 1119-1151.

[89] PIOTROSKI J D, ROULSTONE D T. Do insider trades reflect both contrarian beliefs and superior knowledge about future cash flow realizations [J]. Journal of Accounting and Economics, 2005, 39 (1): 55-81.

[90] POLK C, SAPIENZA P. The stock market and corporate investment: a test of catering theory [J]. Review of Financial Studies, 2009, 22 (1): 187-217.

[91] RAJAN R G, ZINGALES L. What do we know about cap-

ital structure? some evidence from international data [J]. The Journal of Finance, 1995, 50 (5): 1421-1460.

[92] RHODES-KROPF M, VISWANATHAN S. Market valuation and merger waves [J]. The Journal of Finance, 2004, 59 (6): 2685-2718.

[93] ROULSTONE D T. The relation between insider-trading restrictions and executive compensation [J]. Journal of Accounting Research, 2003, 41 (3): 525-551.

[94] ROZEFF M S, ZAMAN M A. Overreaction and insider trading: evidence from growth and value portfolios [J]. The Journal of Finance, 1998, 53 (2): 701-716.

[95] SALBU S R. Insider trading and the social contract [J]. Business Ethics Quarterly, 1995, 5 (2): 313-328.

[96] SAWICKI J, SHRESTHA K. Insider trading and earnings management [J]. Journal of Business Finance and Accounting, 2008, 35 (3): 331-346.

[97] SEYHUN H N, BRADLEY M. Corporate bankruptcy and insider trading [J]. Journal of Business, 1997, 70 (2): 189-216.

[98] SEYHUN H N. Insiders'profits, costs of trading and market efficiency [J]. Journal of Financial Economics, 1986, 16 (2): 189-212.

[99] SHLEIFER A, VISHNY R W. A survey of corporate governance [J]. The Journal of Finance, 1997, 52 (2): 737-783.

[100] SMITH C W, WATTS R L. The investment opportunity set and corporate financing, dividend, and compensation policies [J]. Journal of Financial Economics, 1992, 32 (2): 263-292.

[101] STEIN J. Rational capital budgeting in an irrational world [J]. Journal of Business, 1996, 69 (4): 429-455.

[102] SUNDARESAN S, WANG N, YANG J Q. Dynamic investment, capital structure, and debt overhang [J]. Review of Corporate Finance Studies, 2015, 4 (1): 1-42.

[103] TORABZADEH K M, BERTIN W J. Leveraged buyouts and shareholder returns [J]. Journal of Financial Research, 1987, 10 (4): 313-319.

[104] VOGT S C. The cash flow/investment relationship: evidence from U. S. manufacturing firms [J]. Financial Management, 1994, 23 (2): 3-20.

[105] WILLIAMSON O E. The economics of discretionary behavior: managerial objectives in a theory of the firm [M]. Upper Saddle River, New Jersey: Prentice Hall, 1964: 157-180.

[106] WU X P, WANG Z. Equity financing in a Myers-Majluf framework with private benefits of control [J]. Journal of Corporate Finance, 2005, 11 (5): 915-945.

[107] 蔡宁，魏明海."大小非"减持中的盈余管理 [J]. 审计研究，2009 (2): 40-49.

[108] 陈超，李镕伊. 债券融资成本与债券契约条款设计 [J]. 金融研究，2014 (1): 44-57

[109] 陈冬华，陈富生，沈永建，等. 高管继任、职工薪酬与隐性契约——基于中国上市公司的经验证据 [J]. 经济研究，2011 (2): 100-111.

[110] 陈宏姿. 董监事结构与企业财务绩效关联之研究 [D]. 台北：政治大学，2001.

[111] 高兰芬. 董监事股权质押之代理问题对公司会计资讯与公司绩效之影响 [D]. 台北：政治大学，2002.

[112] 郝项超，梁琪. 最终控制人股权质押损害公司价值么? [J]. 会计研究，2009 (7): 57-63.

[113] 花贵如，刘志远，许骞. 投资者情绪、企业投资行为与资源配置效率 [J]. 会计研究，2010 (11)：49-55，97.

[114] 贾明，张喆，万迪昉. 控制权私有收益相关研究综述 [J]. 会计研究，2007 (6)：86-93.

[115] 江伟，沈艺峰. 大股东控制、资产替代与债权人保护 [J]. 财经研究，2005 (12)：95-106.

[116] 靳庆鲁，侯青川，李刚，等. 放松卖空管制、公司投资决策与期权价值 [J]. 经济研究，2015 (10)：76-88.

[117] 李秉祥，吴建祥. 管理防御视角下经理人长短期项目选择的可分离均衡 [J]. 系统工程理论与实践，2015 (4)：939-944.

[118] 李君平，徐龙炳. 资本市场错误定价、融资约束与公司融资方式选择 [J]. 金融研究，2015 (12)：113-129.

[119] 李君平，徐龙炳. 资本市场错误定价、融资约束与公司投资 [J]. 财贸经济，2015 (3)：88-102，112.

[120] 李俊峰，王汀汀，张太原. 上市公司大股东增持公告效应及动机分析 [J]. 中国社会科学，2011 (4)：95-110.

[121] 李旎，郑国坚. 市值管理动机下的控股股东股权质押融资与利益侵占 [J]. 会计研究，2015 (5)：42-48.

[122] 李增泉，叶青，贺卉. 企业关联、信息透明度与股价特征 [J]. 会计研究，2011 (1)：44-51.

[123] 廉鹏，王克敏. 公司内部人交易研究综述 [J]. 当代经济研究，2009 (5)：69-72.

[124] 刘少波. 控制权收益悖论与超控制权收益——对大股东侵害小股东利益的一个新的理论解释 [J]. 经济研究，2007 (2)：85-96.

[125] 刘星，李宁，张超. 银行竞争、终极控制与债务配置结构 [J]. 会计研究，2015 (10).

[126] 罗进辉，万迪昉. 控股股东的控制权私人收益：理论模型与经验证据 [J]. 系统工程理论与实践，2011 (2)：229-238.

[127] 潘越，戴亦一，林超. 信息不透明，分析师关注与个股暴跌风险 [J]. 金融研究，2011 (9)：138-151.

[128] 谭跃，夏芳. 股价与中国上市公司投资——盈余管理与投资者情绪的交叉研究 [J]. 会计研究，2011 (8)：30-39，95.

[129] 童盼，陆正飞. 负债融资、负债来源与企业投资行为——来自中国上市公司的经验证据 [J]. 经济研究，2005 (5)：75-84，126.

[130] 王斌，蔡安辉，冯洋. 大股东股权质押、控制权转移风险与公司业绩 [J]. 系统工程理论与实践，2013 (33)：1762-1773.

[131] 王化成，曹丰，叶康涛. 监督还是掏空：大股东持股比例与股价崩盘风险 [J]. 管理世界，2015 (2)：45-57.

[132] 王雄元，张鹏. 信息披露与内部人股票交易获利策略——以六起内部人股票交易为基础的案例研究 [J]. 管理案例研究与评论，2008 (3)：28-43.

[133] 王亚平，刘慧龙，吴联生. 信息透明度、机构投资者与股价同步性 [J]. 金融研究，2009 (12)：162-174.

[134] 吴德胜，李维安. 非正式契约与正式契约交互关系研究——基于随机匹配博弈的分析 [J]. 管理科学学报，2010 (12)：76-85.

[135] 吴静，谭燕. 股权质押具有治理效用吗？——来自中国上市公司的经验证据 [J]. 会计研究，2013 (2)：45-53.

[136] 吴育辉，吴世农. 股票减持过程中的大股东掏空行为研究 [J]. 中国工业经济，2010 (5)：121-130.

[137] 吴战篪，李晓龙. 内部人抛售，信息环境与股价崩盘

[J]. 会计研究，2015 (6)：48-55.

[138] 夏纪军，张晏. 控制权与激励的冲突——兼对股权激励有效性的实证分析 [J]. 经济研究，2008 (3)：87-98.

[139] 肖作平，廖理. 大股东、债权人保护和公司债务期限结构选择——来自中国上市公司的经验证据 [J]. 管理世界，2007 (10)：99-113.

[140] 谢德仁，郑登津，崔宸瑜. 控股股东股权质押是潜在的“地雷”吗？——基于股价崩盘风险视角的研究 [J]. 管理世界，2016 (5)：128-140，188.

[141] 辛清泉，林斌，王彦超. 政府控制、经理薪酬与资本投资 [J]. 经济研究，2007 (8)：110-122.

[142] 许加昂. 董监质押比率与公司经营绩效、融资政策、股利政策关联性之研究 [D]. 台北：台湾大学，2000.

[143] 许年行，于上尧，伊志宏. 机构投资者羊群行为与股价崩盘风险 [J]. 管理世界，2013 (7)：22-34.

[144] 许年行，江轩宇，伊志宏，等. 分析师利益冲突、乐观偏差与股价崩盘风险 [J]. 经济研究，2012 (7)：127-140.

[145] 薛有志，刘鑫. 所有权性质、现金流权与控制权分离和公司风险承担——基于第二层代理问题的视角 [J]. 山西财经大学学报，2014 (2)：93-103.

[146] 杨丽弘. 台湾上市公司股权结构与经营绩效研究——由董监事持股质押效果论之 [D]. 桃园：长庚大学，2000.

[147] 叶康涛，张然，徐浩萍. 声誉、制度环境与债务融资——基于中国民营上市公司的证据 [J]. 金融研究，2010 (8)：171-183.

[148] 曾庆生，张耀中. 信息不对称，交易窗口与上市公司内部人交易回报 [J]. 金融研究，2012 (12)：151-164.

[149] 曾庆生. 公司内部人具有交易时机的选择能力

吗？——来自中国上市公司内部人卖出股票的证据 [J]. 金融研究，2008（10）：117-135.

[150] 张维迎. 法律制度的信誉基础 [J]. 经济研究，2002（1）：3-13，92-93.

[151] 张宗新，潘志坚，季雷. 内幕信息操纵的股价冲击效应：理论与中国股市证据 [J]. 金融研究，2005（4）：144-154.

[152] 朱茶芬，姚铮，李志文. 高管交易能预测未来股票收益吗？[J]. 管理世界，2011（9）：141-152.

[153] 朱茶芬，李志文，陈超. A股市场上大股东减持的时机选择和市场反应研究 [J]. 浙江大学学报（人文社会科学版），2011（3）：159-169.

[154] 朱红军，何贤杰，陶林. 中国的证券分析师能够提高资本市场的效率吗——基于股价同步性和股价信息含量的经验证据 [J]. 金融研究，2007（2）：110-121.

后记

行文至此，夜已经很深了，视线逐渐变得模糊，以为是睡眼惺忪，却发现眼睛开始老花了。回首这十余年的研究之路，愚钝如我，不免备感艰辛。也曾无数次地问自己，作为社会科学研究人员，其研究价值几何？本书虽极力研究最新的经济问题，找出最可行的解决方案，但在这个飞速发展的时代，仍担忧研究价值快速消失。如此，一个经济问题的研究人员，难免质疑自己工作的意义，毕竟，原本我们每个人均可直接投身于市场经济的大潮，体会潮涨潮落。然而，如果我们都“投笔从戎”，谁来记载和研究我们这个伟大时代的制度变迁与经济问题。

作为20世纪70年代中期出生的一代，我们在成长的过程中，见证了人类有史以来最伟大的经济奇迹。这一奇迹，离不开每一个平凡而勤劳的中国人，离不开一批批勇于探索、不断试错的建设者。以资本市场为例，从股权分置改革到内部人交易制度的完备，不断地推陈出新，高效执行，市场的规模与效率已称得上有极大的提高。若无一批批经济问题的研究者发现问题，提出解决方案，资本市场的“试错之路”必定更为曲折。有鉴于此，本书着力发现大股东资本市场行为的经济后果，提出防范其负面影响、发挥其正面作用的建议。即使本书提出的解决方案，最终证明效力有限，只要其客观地反映了经济问题，亦可作为时代的见证，保留其细微价值。

本书的最终完成，离不开我的老师、同事、学生及亲人的帮助。感谢我的博士生导师郭复初教授、硕士生导师伍中信教授和我在暨南大学的指导老师宋献中教授，他们引领我进入学术之路，传授我研究方法，教导我为人处世之道。没有三位导师，我不可能成为科研工作者，本书亦永无面世之日。感谢我在西南财经大学攻读博士学位期间的各位老师，包括赵德武教授、冯建教授、杨丹教授、彭韶兵教授和向显湖教授等等，他们的授课与指导，激发了我无数思维的火花。感谢暨南大学管理学院会计系的各位同事，他们是胡玉明教授、沈洪涛教授、罗绍德教授、谭跃教授、王华教授、熊建教授、石本仁教授、丁友刚教授、白华教授、黎文靖教授、饶品贵教授、江伟教授、王丹舟教授、卢馨教授、肖继辉教授、杨德明教授、黄微平副教授、郭葆春副教授、石水平副教授、谭小平副教授、苏月中副教授以及宋莉莉老师、庞丽莎老师、孙友星老师、黄郡老师、王红建老师、刘莎莎老师等等，本书的完成，离不开与他们的探讨和交流。感谢暨南大学经济学院刘少波教授对本书写作的指导与帮助。感谢暨南大学管理学院企业管理系朱帮助教授在本书写作过程中提供的无私帮助，作为我的挚友，朱教授人如其名，他的指导，经常令我“醍醐灌顶”。感谢我指导的学生李晓龙、吴伟立、严旨昱、许畅等人，他们为本书的数据搜集与整理工作，付出了艰辛的努力。

感谢父母亲对我长期的培养，他们支持我完成漫长的学业，培养我正直、坚韧的品性。感谢我的岳父母这些年来对我的关心体贴和无私奉献，他们替我承担了大量的家务事，令我能安心地从事科研工作。感谢我挚爱的妻子段力女士，作为一个“80后”，聪慧如她，竟然愿意默默站在我身后，为我付出，给我鼓励，我前进的每一个脚印，都洒满了妻子的汗水。感谢我淘气可爱的儿子小辰辰，他常常不由分说地来到我的书桌前，敲击我的电脑键盘，强令我休息，给我带来一天中最开心的时刻。

最后，本书成书仓促，不足和谬误之处，敬请读者批评指正。